HISTÓRIA E DESENVOLVIMENTO

Formação do Brasil Contemporâneo
Caio Prado Jr.

História Econômica do Brasil
Caio Prado Jr.

Ideologia e Mentalidades
Michel Vovelle

Libertários no Brasil
Antonio Arnoni Prado

A Revolução Brasileira
Caio Prado Jr.

Uma Introdução à História
Ciro Flamarion Cardoso

Coleção Primeiros Passos

O que é Filosofia
Caio Prado Jr.

O que é História
Vavy Pacheco Borges

O que é Ideologia
Marilena Chaui

O que é Liberdade
Caio Prado Jr.

O que é Materialismo Dialético
Edgard Malagodi

O que é Participação Política
Dalmo de Abreu Dallari

O que é Revolução
Florestan Fernandes

Coleção Tudo é História

A Burguesia Brasileira
Jacob Gorender

O Coronelismo
Maria de Lourdes Janotti

O Estado Novo
Antonio Pedro Tota

CAIO PRADO JÚNIOR

HISTÓRIA E DESENVOLVIMENTO

A contribuição da historiografia para a teoria e prática do desenvolvimento brasileiro

Prefácio:
Florestan Fernandes

editora brasiliense

Copyright © by Caio Prado Jr., 1968
Nenhuma parte desta publicação pode ser gravada,
armazenada em sistemas eletrônicos, fotocopiada,
reproduzida por meios mecânicos ou outros quaisquer
sem autorização prévia do editor.

Primeira edição, 1968
3ª edição, 1989
2ª reimpressão, 2001

Revisão: Eneida da Silva e José Waldir S. Moraes
Capa: Moema Cavalcanti

Dados Internacionais de Catalogação na Publicação (CIP)
(Câmara Brasileira do Livro, SP, Brasil)

Prado Júnior, Caio, 1907 - 1990.
    História e desenvolvimento : a contribuição da
historiografia para a teoria e prática do
desenvolvimento brasileiro / Caio Prado Júnior ;
Prefácio Florestan Fernandes. -- São Paulo :
Brasiliense, 1999.

    1ª reimpr. da 3. ed. de 1989.
    ISBN 85-11-13018-7

    1. Brasil - Condições econômicas 2. Brasil -
História 3. Economia - História - Brasil
I. Fernandes, Florestan, 1920-1995 II. Título.

99-2855   CDD-338.0981

Índices para catálogo sistemático:
1. Brasil : Desenvolvimento econômico
    338.0981

editora brasiliense
Rua Airi,22 - Tatuapé - CEP 03310-010 - São Paulo - SP
Fone/Fax (0xx11)218.1488 ou (0xx11)6198.1488
E-mail: brasilienseedit@uol.com.br
www.editorabrasiliense.com.br
livraria brasiliense
Rua Emília Marengo,216 - Tatuapé
CEP 03336-000 - São Paulo - SP - Fone/Fax (0xx11)6671.2016

Os enigmas do círculo vicioso

Caio Prado Júnior dedicou-se à investigação e à explicação da economia brasileira ao longo de vários anos. Os principais marcos de sua contribuição são duas obras clássicas: *Formação do Brasil Contemporâneo*; *Colônia* e *História Econômica do Brasil*. A *Evolução Política do Brasil* pode ser agregada às duas, porque apanha o Estado nacional como conexão do sistema capitalista mundial, e a *Revolução Brasileira*, por sua natureza, as desdobra e amplia. Ao formular a especificidade da situação latino-americana e, em particular, do Brasil dentro dela, no plano da revolução internacional, a análise do substrato econômico ganha, naturalmente, uma saliência marcante. A esse conjunto é preciso acrescentar os ensaios sobre a estrutura fundiária, pioneiros em sua documentação e perspectivas. Como marxista, não realizava as tarefas do economista. Estabelecia uma síntese, que na esfera acadêmica seria entendida como uma fusão entre história, economia, geografia e sociologia. Ao mesmo tempo, nessa qualidade, tinha em mente que a história culmina na explicação do presente e que existe uma relação recíproca

6 CAIO PRADO JÚNIOR

entre teoria e prática, conhecimento e transformação da realidade.

Este livro foi escrito, originariamente, para ser apresentado como tese de livre-docência da Faculdade de Filosofia, Ciências e Letras da USP. Seu título e subtítulo são igualmente reveladores: *História e Desenvolvimento*; a Contribuição da Historiografia para a Teoria e a Prática do Desenvolvimento Brasileiro. Ele, de fato, é uma retomada das obras anteriores. Resume os resultados das investigações e as descobertas mais significativas que foram feitas, em mais de três décadas de trabalho exaustivo e criador. E contém respostas às doutrinas procedentes do centro imperial, que aqui tiveram certa repercussão, graças a um livro de W. W. Rostow, e à crescente valorização da teoria neoclássica de lord John Maynard Keynes como instrumental de políticas econômicas anticíclicas, que germinaram nos países centrais e, por sua influência, na periferia. É uma pena que Caio não tenha aproveitado os estudos de Paul A. Baran e outros autores marxistas, na compreensão crítica do desenvolvimento e na elaboração de uma economia política do desenvolvimento. Contudo, a sua reação era construtiva. Induziu-o a combater os usos e abusos do modelo ideal, como equivalente do concreto (coisa que nunca passou pela cabeça dos cientistas sociais alemães, que utilizaram os tipos ideais na investigação histórico-sociológica); e animou-o a ver na historiografia o recurso para explicar causalmente, mas com base empírica sólida, a natureza e os limites do desenvolvimento que o colonialismo e o imperialismo forjaram para as "nações emergentes". Isso abriu este livro para uma reflexão sobre o capital mercantil,

HISTÓRIA E DESENVOLVIMENTO 7

que une as primeiras e as últimas conclusões de Caio sobre o assunto. De forma clara e concisa, localiza o capital mercantil em vários contextos históricos da evolução brasileira, salienta o que havia de mais importante e decisivo em suas interpretações da sociedade colonial e extrapola a importância do capital mercantil em duas épocas mais recentes, que não comportam as ilações elaboradas, embora sugiram antinomias e problemas que exigem novas indagações e explicações. Seja como for, o livro comprova o seu porte intelectual e mostra que a ditadura constrangeu a Faculdade de Filosofia, Ciência e Letras a perder a presença direta e ativa de uma mente fecunda e de um grande historiador. Não vejo sentido em estender-me sobre as impressões que o livro provocou em mim. Qual seria o sentido de um prefácio à obra de um autor consagrado e influente, que cruzou com a vida intelectual e política de milhares de leitores, muitos estudantes, professores e especialistas? Trata-se de uma auto-exposição, sem retoques e floreios, como era do estilo de Caio Prado Júnior, um homem corajoso, íntegro e direto. Ele não se impôs uma revisão crítica. Por quê? Porque estava convicto da veracidade de suas descobertas e do seu retrato da evolução histórica do Brasil e de outras sociedades periféricas e marginais (para empregar os seus conceitos), as quais, não repetiram nem poderiam repetir o desenvolvimento econômico auto-sustentado da Europa industrial e dos Estados Unidos. Escapou às ilusões dos que representaram o nosso país como se ele pudesse reproduzir o passado, o presente e o futuro dos centros imperiais e concentrou-se no fundamental: dizer

8 CAIO PRADO JÚNIOR

por que isso era historicamente impossível. Por isso,
encimei o prefácio com a referência aos enigmas do
círculo vicioso. As determinações fundantes da economia escravista procediam de dinamismos do antigo regime colonial e do *indirect rule*, que se instaura depois
da vinda da família real, da elevação do Brasil a sede
do reinado e da proclamação da Independência. Essas
determinações se objetivavam concretamente na natureza e nas funções do capital mercantil na economia
escravista, primeiro colonial, em seguida imperial. De-
safortunadamente, Caio não questiona a fundo as formas de expropriação do senhor, praticadas através do
mercantilismo e, um pouco modificadas, sob o neoco-
lonialismo, tendo à frente a Inglaterra. Mas ele demons-
tra como o capital mercantil irá constituir um horizonte
econômico no qual o agente privilegiado, no plano nacional, ficará preso ao ardil de um enriquecimento que
envolvia duas servidões: uma, ao escravo; outra, à metrópole de fato. O livro não lhe deixou espaço para
expandir-se em outras direções, como, por exemplo, a
importância da escravidão sobre a elevação e o desdobramento da acumulação de capital depois da Independência. No entanto, ele se detém várias vezes e de diversos ângulos sobre os "homens de negócios" que se
constituíram sob a égide de um capital mercantil colonial, neocolonial e, mais tarde, sob a situação de dependência. Um homem de negócios que não possuía a
imaginação inventiva e a ousadia empresarial dos seus
pares ou equivalentes europeus e norte-americanos. E
que, por conseguinte, gravita, até hoje, nos calcanhares
do centro imperial, sacrificando a uma segurança econômica imaginária a mentalidade capitalista ou o "espí-

HISTÓRIA E DESENVOLVIMENTO 9

rito burguês" autênticos. Esses atributos psicodinâmicos podiam surgir ocasionalmente (em um Mauá, por exemplo), mas como exceção que confirma a regra.

O capital mercantil é posto, assim, no núcleo dos dinamismos que explicariam, historicamente, a castração do seu dono ou proprietário por seus parceiros mais fortes, em momentos históricos distintos. Essa descrição ressurge em vários passos do livro e é retocada nas sucessivas molduras históricas, que variavam mais na aparência que em sua essência. Penso que essa insistência é responsável pelo valor do livro mas, também, por seus defeitos ou limitações. O valor aparece nas partes que dizem respeito às evoluções que vão até ao aparecimento do café e ao tipo de homem de negócios em que se convertem os fazendeiros (ou outros agentes econômicos, deixados na penumbra ou negligenciados). Contudo, já a partir do esgotamento da curta fase de transição neocolonial, que no Brasil definha em mais ou menos meio século, nas regiões econômicas em expansão modernização e diferenciação, ocorre uma metamorfose que engata o capital mercantil (acumulado no interior ou procedente de fora, sob a forma de empréstimos e de inversões bancárias) ao capital industrial. O capitalismo competitivo sofre sérias distorções e deformações. Porém adquire, em poucas décadas, um vigor crescente, expandindo-se depois continuamente, sob os efeitos da I Guerra Mundial e da substituição de importações. Aí, fica patente que Caio se prende demais ao conceitual, à lógica dos conceitos que são essenciais em seu esquema descritivo e interpretativo. Por isso, focaliza de modo insuficiente as próprias transformações do homem de negócios, de sua

10 CAIO PRADO JÚNIOR

mentalidade e comportamento econômicos, bem como as relações do capital mercantil com o capital industrial, e, após a II Grande Guerra e a ditadura militar, com o capital financeiro típico do capitalismo monopolista e da espécie de imperialismo que ele engendra, em nossos dias. Há deslocamentos na economia. O capital mercantil não desaparece. Mas perde sua função hegemônica e determinante. O círculo vicioso persiste, mas não por sua conta. A investigação histórica deverá ir mais longe e aprofundar-se para explicá-lo.

A argúcia de Caio, apesar disso, permite-lhe fazer duas constatações que precisam ser postas em relevo. Primeiro, menciona a forma e o conteúdo de um horizonte econômico que aferra o empresário a uma iniciativa privada de bitola estreita, verdadeiramente retardatária e inibidora. A acumulação do capital avança muito mais como um fim do que como um meio. Esse processo provém da essência do capital mercantil. Mas caberia notar que não é exclusivo dele e mantém-se em plena atividade *depois* que ele perdeu sua função hegemônica e determinante. Portanto, o que subsiste, como dado permanente, é o elemento especulativo, a tendência a lançar os riscos da iniciativa privada e da ação empresarial para fora de suas fronteiras (ou seja, socializando as perdas e/ou privatizando os lucros e vantagens relativas obtidos, através da superexploração de trabalho, da inflação e da intermediação estatal). Segundo, sublinha o teor arcaico no comportamento econômico do homem de negócios e do empresário, em situações históricas diversas. Caio retém os vínculos mais ostensivos procedentes do impacto do capital mercantil. Em parte, é indiscutível que ele possui razão.

HISTÓRIA E DESENVOLVIMENTO

No entanto, o componente decisivo é outro: consiste no nexo estabelecido com a forma histórica da dominação externa e com as alterações do cenário mundial, que obrigaram as nações capitalistas centrais e sua superpotência a praticarem uma contra-revolução defensiva em escala mundial, que se alicerça sobre a internacionalização do modo de produção capitalista, do mercado moderno e de operações financeiras complexas. O que importa, neste caso, é que Caio botou o dedo na ferida. Ele enfatiza a permanência de um nexo colonial que muitos investigadores consideram extinto. Na verdade, a internacionalização do modo de produção capitalista requer esse componente, porque as multinacionais, com sua tecnologia, instituições, ideologia e sistema de poder, se implantam nos países hospedeiros e neles restabelecem a dominação direta, a partir de dentro e insensível à soberania da "Nação emergente". No conjunto, a forma de dominação é ultra-complexa, diferenciada e flexível, abrangendo múltiplos nexos de controle à distância. Eles ocultam a recuperação e a reciclagem do elemento arcaico, no qual repousam a capitulação do parceiro empresarial mais fraco e a chamada "rendição silenciosa" da Nação satelizada.

É óbvio que a publicação deste livro se impunha. Ele não podia permanecer inacessível aos estudiosos e ao grande público. A sua edição permite retomar, em cheio, o contacto com um pensamento crítico pioneiro, vigoroso e atual. Ao mesmo tempo, oferece-nos a oportunidade de prestar homenagem ao primeiro historiador que fecundou as ciências sociais com o marxismo. Ele reaparece com todo o brilho, como expressão legítima da Faculdade de Filosofia, Ciências e Letras e das grandes aspirações que ela suscitou de uma revolução científica, que foi abafada e transferida para diante, e da qual tornou-se um mestre, sem ter sido um professor de carreira.

São Paulo, 10 de julho de 1988.

Florestan Fernandes

HISTÓRIA E DESENVOLVIMENTO

Tese de Livre-Docência para a Cadeira de História
da Civilização Brasileira da Faculdade de Filosofia,
Ciências e Letras da Universidade de São Paulo, 1968.

I

Nosso objetivo, na presente tese, é pesquisar na evolução histórica brasileira e na formação econômica e social do país algumas das premissas essenciais da problemática atual. A historiografia não constitui simples exercício acadêmico, e sim disciplina científica. E como tal, destina-se a integrar o conhecimento que o homem necessita ter do meio físico, do meio social e de si próprio, a fim de se conduzir em sua ação e de se comportar convenientemente. A problemática brasileira de nosso tempo se centraliza essencialmente em torno do "desenvolvimento", condição precípua para assegurar ao país e à generalidade de seu povo o conforto e o bem-estar material e moral que a civilização e cultura modernas são capazes de proporcionar. Isto se encontra na consciência de toda a geração de nosso tempo, e não é sem incontestável justificação que as atenções e preocupações mais generalizadas nos dias de hoje se concentram nesta questão do desenvolvimento. Ora, o desenvolvimento, que sem dúvida se há de alicerçar no crescimento econômico — pois é somente através dele que o país, dado o retardo em que se encontra, poderá alcançar o nível e os padrões da civilização moderna —, o desenvolvimento e cresci-

16 CAIO PRADO JÚNIOR

mento econômico constituem tema essencialmente histórico, e ao contrário do tratamento que lhe vem sendo dado pelos economistas (logo veremos esse assunto mais de perto), não pode ser incluído em modelos analíticos de alto nível de abstração, e deve ser tratado na base da especificidade própria e das peculiaridades de cada país ou povo a ser considerado. Esse é pelo menos o ponto de partida necessário da investigação da questão do desenvolvimento. Sobretudo quando se trata em particular do "subdesenvolvimento" — como se dá no caso brasileiro — que constitui o característico dos países que não apresentam nas suas instituições as formas amadurecidas do capitalismo, ou não oferecem nas suas origens as formas clássicas das quais evolveu esse capitalismo. Formas todas essas que são precisamente as que ditaram os padrões segundo os quais se conduz a análise econômica que se pretende agora substituir à análise historiográfica própria e específica do país subdesenvolvido que se considera.

No caso brasileiro, e em favor da preferência pela abordagem historiográfica da questão do desenvolvimento, há que acrescentar o pequeno recuo no tempo de nossa história, e a intensidade com que por isso um passado ainda tão recente pesa na situação atual cuja análise e interpretação não podem assim prescindir de suas premissas históricas. A história, isto é, a consideração do passado e a inclusão dos dados que nos fornece na análise da problemática atual, é assim essencial. É particularmente notável o papel reservado à historiografia na conceituação da realidade brasileira de nossos dias. Temos isso em comum, em tão alto grau, possivelmente só com os demais países do continente latino-

HISTÓRIA E DESENVOLVIMENTO

americano. De um modo geral, a historiografia constitui dado essencial para a elaboração do conhecimento relativo ao homem, na acepção exata e precisa que o conhecimento deve ter. A saber: sistematização da experiência coletiva do homem e elaboração teórica dela com vistas à orientação e condução da ação humana. Conhecimento ou ciência (entre ciência e conhecimento não vai outra distinção que o nível respectivo de elaboração teórica e sistematização) não é senão aquilo. E em tal conceituação, a historiografia se enquadra como expressão ou manifestação da experiência humana a ser teoricamente elaborada a fim de servir como fonte de dados para as ciências humanas em geral, premissa do conhecimento prático destinado à condução da ação do homem. A História e sua expressão teórico-conceptual que é a Historiografia, constituem a principal ou pelo menos básica informação relativa ao comportamento coletivo do homem. Se isso é verdade no que se refere à História em geral, é assim particularmente e especialmente no caso de coletividades como a brasileira onde uma experiência tão recente e de tão curta duração não se decantou ainda em formas novas que possam ser direta e imediatamente apreendidas, compreendidas e interpretadas sem ser na perspectiva de suas origens e raízes no passado. Numa palavra, o Brasil de hoje, apesar de tudo de novo e propriamente contemporâneo que apresenta — inclusive estas suas formas institucionais modernas, mas ainda tão rudimentares quando vistas em profundidade — ainda se acha intimamente entrelaçado com o seu passado. E não pode por isso ser entendido senão na perspectiva e à luz desse passado. Daí o grande papel e função do historiador brasileiro, que muito mais ainda que seus colegas de outros lugares onde já se romperam mais radicalmente os laços com o passado — na medida, bem entendido, em que esse rompimento é possível —, lida com dados essenciais e imprescindíveis para o conhecimento e interpretação do presente. História e Sociologia, e Ciência Social em geral, podemos dizer que quase se confundem ou se devem confundir no Brasil. Apenas se distinguem nos métodos de pesquisa e elaboração científica — e mesmo assim com muitas restrições. Os dados, o material pesquisado é da mesma natureza. O que faz com que o historiador brasileiro não deva nunca perder de vista que é também para o conhecimento do presente que ele imediata e diretamente trabalha. E que lhe cumpre portanto acentuar mais a sua atenção para aquelas circunstâncias históricas que, passadas embora, se projetam mais vivamente, em seu desdobramento e processamento futuro, nas circunstâncias de nossos dias. Seus esforços serão assim mais fecundos e de maior interesse.

Essas considerações dizem respeito, em especial, à problemática proposta pelo desenvolvimento e crescimento econômicos que se apresentam hoje com tanta acuidade e premência. É na história, nos fatos concretos da formação e evolução de nossa nacionalidade que se encontra o material básico e essencial necessário para a compreensão da realidade brasileira atual e sua interpretação com vistas à elaboração de uma política destinada a promover e estimular o desenvolvimento. E não nas puras abstrações da análise econômica onde aqueles fatos aparecem fatalmente distorcidos e desfigurados, uma vez que tais abstrações, mesmo quando são até certo ponto justificáveis em outras situações

HISTÓRIA E DESENVOLVIMENTO

para as quais e na base das quais foram elaboradas, não se ajustam a situações tão distintas como as nossas. Mais ainda que em países e povos que já atingiram um elevado nível de desenvolvimento, e que por assim dizer, e de certa forma, já romperam suas amarras com aquele passado (pelo menos para os fins da análise econômica), é sobretudo em nosso passado que se há de buscar a informação necessária para a proposição adequada e a solução acertada dos problemas atuais. O tema do desenvolvimento penetra assim em cheio na historiografia. E esta lhe ocupa mesmo a maior e principal parte.

No entretanto, foram os economistas que nele se anteciparam. Isto porque, em conseqüência de circunstâncias especiais da prática político-social e econômica, é a eles que o assunto se propôs em primeiro lugar. Como se sabe, a teoria do desenvolvimento constitui um desdobramento da teoria econômica a partir da análise e explicação dos ciclos econômicos cujo impacto na vida das sociedades modernas têm a importância e significação que se conhecem. Essa análise do ciclo levou à consideração paralela e estruturalmente ligada das tendências seculares da economia càpitalista. E bem recentemente, no decênio posterior à II Guerra Mundial, toda esta matéria da dinâmica econômica do capitalismo concluiu e se concentrou particularmente na problemática, de tão sombrias cores políticas e sociais, apresentada pelo considerável e crescente desnível econômico entre um insignificante grupo de grandes e poderosas potências capitalistas líderes do progresso moderno e em acelerado enriquecimento, e de outro lado o restante e grande maioria da humanidade cujo insuficiente ritmo de crescimento econômico a distanciava cada vez mais daqueles elevados índices e padrões. A teoria ortodoxa do desenvolvimento teve aí seu principal estímulo e fonte inspiradora.

Nascida de tais circunstâncias, a teoria do desenvolvimento se faz em capítulo da economia, e a historiografia se relega no assunto a um subsidiário e apagado plano. Veremos em seguida as graves conseqüências que uma tal perspectiva determina no referente à elaboração científica da matéria. Particularmente no que respeita a posição dos países e povos subdesenvolvidos que ocupam hoje o primeiro plano da teoria. E completaremos esse assunto no capítulo final, onde se verá a impossibilidade de adequadamente compreender a problemática do desenvolvimento brasileiro com uma tal maneira unilateral de se tratar da matéria. Isto é, com a exclusão da história propriamente, bem como do conjunto de fatores e circunstâncias específicas que entram na formação e caracterização de cada país em particular.

A análise econômica, como decorrência de sua própria natureza e estilo de trabalho, e privada de uma suficiente perspectiva histórica, irá ocupar-se do assunto com seus métodos específicos e exclusivos, e por isso altamente insuficientes para a abordagem e consideração dele em seu conjunto e totalidade. A saber, o tratamento será na base ou a partir dos chamados "modelos teóricos", isto é, a representação teórica do fato ou fatos considerados (no caso o "crescimento econômico") num sistema inter-relacionado de parâmetros quantificados (ou pelo menos quantificáveis) escolhidos *a priori* (isto é, dados de início e

HISTÓRIA E DESENVOLVIMENTO 21

antes de qualquer outra indagação, e na base unicamente, em derradeira análise, do postulado fundamental do "mínimo esforço pelo máximo proveito"), parâmetros aqueles eventualmente até mesmo expressos matematicamente em equações ou figuras geométricas. Não precisamos nem podemos naturalmente entrar aqui nos pormenores do assunto. Mas no essencial, e para o que nos interessa aqui particularmente, o procedimento consiste, simplificada e esquematicamente, em figurar o desenvolvimento, conceituado em termos de "crescimento econômico", num conjunto de variáveis inter-relacionadas que o analista fará variar (isto é, figurará num processo de variação) de acordo com os objetivos que tem em vista a fim de determinar o comportamento do sistema em conjunto por efeito de tais variações; e determinar em especial as modificações conseqüentes das variáveis que particularmente e em cada caso o interessam. Tais variáveis, situadas como não poderia deixar de ser em nível de alta abstração, consistem essencialmente em índices de fluxos monetários — renda, nível de preços, inversões, pagamento de salários, etc.

Como se observa (sem os óculos deformadores do "economismo") os fatos concretos, isto é, a história na sua real e verdadeira especificidade, não cabe numa análise destas senão subsidiariamente e como simples ilustração, ou antes, como elementos a serem "encaixados" dentro do modelo proposto. Esta expressão "encaixar" é de Rostow, o tão prestigioso economista do campo da ortodoxia que mais longe levou e mais se destacou nesta tarefa de balisar a história com a análise econômica formal. E que pretendeu expressamente

22 CAIO PRADO JÚNIOR

com as suas conhecidas "etapas do desenvolvimento econômico", substituir ao marxismo uma nova interpretação da evolução do capitalismo.[1] Servem ainda os fatos históricos, naquela análise, para se confrontar com eles, *a posteriori*, o comportamento do modelo. Ficando todavia entendido que no caso de o confronto revelar discrepância entre a realidade histórica e o modelo, não é este último e seu sistema que se incriminará, e sim eventuais obstáculos, que se tratará de descobrir, e que teriam perturbado o "normal" comportamento, logicamente previsto, do mesmo modelo. Por aí se verifica que os modelos teóricos da análise econômica não constituem, como à primeira vista poderia parecer, e seria perfeitamente lícito, possíveis hipóteses de trabalho a serem testadas no confronto com a observação dos fatos, e convenientemente modificadas para neles se ajustarem. Os modelos não são isso, pois constituem dado preliminar e proposto *a priori*, e como tal definitivo, que não se trata de modificar e *a posteriori* confirmar, rejeitar ou remodelar se a rejeição é unicamente parcial. Os modelos são tãosomente instrumentos teóricos já em definitivo preparados para o fim de orientarem, e isto apenas, a análise econômica.

Efetivamente, os modelos empregados na análise econômica ortodoxa não são senão expressão matemática — algébrica ou geométrico-figurativa; ou prestando-se em princípio a isto —, e por isso somente possível em nível de alta abstração, do dinamismo próprio

---

1. W. W. Rostow. *The Process of Economic Growth*. Segunda Edição. Oxford University Press, 1960.

HISTÓRIA E DESENVOLVIMENTO

do sistema capitalista que é o assunto específico da economia ortodoxa. Em outras palavras, os modelos são expressão do processo ou dos processos segundo os quais se desenrola o funcionamento do sistema. E do sistema, note-se bem, na sua mais pura e essencial expressão. O que compreende unicamente os fatos econômicos tais como se desenrolam ou se desenrolaram nas sociedades que atingiram alto grau de maturidade das relações capitalistas de produção e de tudo quanto isto acompanha. E fatos aqueles, lembremo-lo novamente, conceituados em alto nível de abstração. Logo se percebe como tais modelos se prestam mal, ou não se prestam de todo para a visualização e análise de fatos que não são aqueles precisamente em cuja base eles foram construídos, ou sejam os fatos característicos de um capitalismo maduro. Isto diz respeito, de maneira flagrante, está visto, a países da nossa estrutura sócio-econômica, que embora enquadrados no sistema geral do capitalismo, estão longe de apresentarem uma estrutura, um comportamento econômico e mesmo relações de produção que no seu conjunto se podem identificar ao que ocorre nas sociedades de alto amadurecimento capitalista, cujo funcionamento os modelos teóricos da análise econômica procuram traduzir e exprimir. Sobretudo quando se trata, como no caso que temos aqui em vista, do passado histórico daqueles países. Via de regra é impraticável, sem as mais grosseiras e arbitrárias deformações, assimilar as relações econômicas incluídas nos modelos teóricos consagrados, com as circunstâncias e ocorrências verificadas naquele passado histórico. Isto em especial no referente ao crescimento econômico e pois aos fatos rela-

24   CAIO PRADO JÚNIOR

cionados diretamente com o desenvolvimento, que é do que especificamente nos ocupamos aqui. Vejamos este ponto a fim de destacar o absurdo de tal assimilação pretendida por importantes e dominantes correntes da Economia ortodoxa. A teoria do desenvolvimento, como já foi lembrado, se elaborou a partir da análise do ciclo econômico. É importante retê-lo, porque esta origem da teoria se refletirá nos modelos propostos para o desenvolvimento; e em conseqüência na interpretação deformadora que em grande parte daí resultará, dos fatos históricos de países do nosso tipo. Na análise dos ciclos econômicos destacou-se particularmente o papel representado pela flutuação das inversões. Posição esta que tinha certa justificação em face dos objetivos práticos e imediatos que visava a teoria econômica, e que vinham a ser a fundamentação teórica de uma política anticíclica. Tal orientação se firmará sobretudo com a *Teoria Geral* de Keynes,[2] que reduziu o assunto, já mais ou menos presente no consenso geral dos economistas ortodoxos da época, a termos precisos e de grande generalidade. É de notar que a *Teoria Geral*, com a grande contribuição que trouxe para o assunto, precede de pouco a II Guerra Mundial, e se torna em tema básico da teoria econômica precisamente quando, logo após o conflito, o interesse pela teoria do desenvolvimento ganha considerável ímpeto por força do papel político que passa a representar a questão do subdesenvolvimento. A teoria do desenvolvimento e sua extensão para a

---

2. *The General Theory of Employment Interest and Money* by John Maynard Keynes, 1936.

HISTÓRIA E DESENVOLVIMENTO

análise e interpretação do subdesenvolvimento se impregnarão assim da tese inversionista. As inversões e suas vicissitudes serão colocadas em posição central da matéria.

O mais sério e grave, no que respeita a interpretação do processo econômico nos países do nosso tipo, daquela orientação que levava as concepções e modelos relativos ao ciclo para o campo da teoria do desenvolvimento, foi a tendência, nem sempre expressa talvez, mas sensível ao longo da obra da generalidade dos economistas ortodoxos que se ocuparam do assunto, de se não assimilarem de todo, pelo menos de certa forma aproximarem, no que se refere ao rumo dado à análise econômica, o subdesenvolvimento à situação verificada na fase de recessão do ciclo econômico. Ambas as situações se prenderiam a uma insuficiência das inversões: será esta a conclusão. Donde a política econômica, e pode-se dizer até mesmo a política geral aconselhável em ambos os casos, e que seria o estímulo e incremento às inversões.

Não é preciso acentuar o anacronismo de tal aproximação, e transposição de fato característico de um capitalismo em avançado estado de maturidade, para economias que se definem precisamente pelo retardo em que se encontram. Acresce a isto o fato de que, se no equacionamento da problemática das flutuações econômicas a questão das inversões se propõe com relevo incontestável, já no plano mais geral e amplo do desenvolvimento e sua interpretação, as inversões, e mesmo a circunstância geral que as condiciona e que vem a ser o processo da acumulação capitalista, muito pouco ou quase nada informa relativamente à dinâmica do desenvolvimento que se insere no conjunto e complexo, tomado na sua integridade, dos fatos históricos que configuram aquele desenvolvimento. Aí o que é preciso considerar é não somente o processo geral de acumulação capitalista, isto é, a formação do capital e seu acrescentamento progressivo de que resultam as inversões, mas principalmente e essencialmente as circunstâncias gerais da produção e da atividade econômica, e em especial as relações de produção verificadas. O simples fato da inversão, como pretende a teoria ortodoxa, ou mesmo o fato mais geral e amplo da origem e formação do capital e da sua acumulação, pouco ou nada explica acerca dos fatos originários que impulsionam o crescimento. O que deve ser considerado e que dá conta desse crescimento é o que se encontra na base e por detrás das inversões (e que são, em si apenas, unicamente um momento e aspecto no processo global da produção). A saber, e essencialmente, as circunstâncias gerais e os fatores originários que condicionam, promovem e impulsionam a produção; é em primeiro e principal lugar, a conjuntura mercantil, isto é, as características da demanda. Bem como as condições em que a produção se organiza, e as relações de produção se estabelecem. É isto que condicionará o afluxo de capital, a formação e acumulação dele, e a resultante inversão produtiva que vem assim, pode-se de certa forma dizer, em último lugar; e certamente, como incidente apenas.

Levada contudo por seu método e o tipo de modelos teóricos que o lastreiam, é até certo ponto em sentido contrário que caminha a teoria econômica ortodoxa e a análise consagrada do desenvolvimento. A

HISTÓRIA E DESENVOLVIMENTO

saber, procurando derivar o crescimento e desenvolvimento do fato das inversões e intensidade delas. E é nessa base que elabora seu modelo do desenvolvimento, e nele procura acomodar os fatos históricos. Coube ao economista norte-americano W. W. Rostow, como se sabe, oferecer o plano essencial daquela "acomodação", que nas suas linhas gerais recebeu o beneplácito, expresso ou pelo menos implícito, da generalidade da Economia ortodoxa. Não caberia aqui nem a exposição pormenorizada dele, nem a sua crítica sistematizada. Fiquemos em seus traços essenciais e mais salientes. A idéia central consiste em figurar como ponto de partida do desenvolvimento moderno aquilo que se denominaria a "sociedade tradicional", que compreenderia genericamente todas as formas econômico-sociais que precederam o capitalismo industrial. Mas não se tratará de caracterizar essa "sociedade tradicional", determinar suas relações de produção e trabalho; defini-la como momento ou fase de um processo evolutivo, e sim unicamente marcar com ela um ponto de partida cômodo onde fosse possível situar o modelo de crescimento econômico de antemão preparado. Em suma, a "sociedade tradicional" não se caracteriza por si e em si; e sim apenas em contraste com o que vem depois dela, com o desenvolvimento que ela antecede e cujo traço essencial e fundamental consistirá no progresso tecnológico e na inversão produtiva da maior parte do lucro capitalista auferido na produção e que aquele progresso determina e estimula. O que, em outras palavras, vem a ser a acumulação capitalista, e que Marx chamou de "reprodução ampliada do capital". Os economistas ortodoxos não empregam naturalmen-

28 CAIO PRADO JÚNIOR

te esta terminologia, embora seja muito mais clara e precisa. E exprimem o fato sob forma de uma porcentagem relativamente elevada da renda total — porcentagem esta situada entre 10 e 20% — que se reinverteria na produção. Para empregar a linguagem de Rostow, o que caracterizaria o desenvolvimento e o promove, é a "acumulação de juros compostos", o que não é afinal, em termos financeiros e comerciais, outra coisa que a inversão dos proventos do capital ou lucro capitalista. E é isto, ou antes a *ausência* de acumulação capitalista, e assim de inversões crescentes proporcionais e estimuladas pelo progresso tecnológico, que caracterizaria, mais que outra coisa qualquer, a "sociedade tradicional". O desprendimento dela — que Rostow denomina, numa expressão que se consagraria, de "arranco" — e a institucionalização, por assim dizer, do crescimento econômico e desenvolvimento, se verificam precisamente quando o lucro capitalista passa a ser sistematicamente acumulado e reinvertido na produção, abrindo caminho com isso para o progresso tecnológico e conseqüentemente para o aumento da produtividade, com que se lastreia o desenvolvimento.

Esta maneira de caracterizar a "sociedade tradicional" é o ponto de partida do processo de desenvolvimento, isto é, essencialmente em contraste com o que vem em seguida a ela e que constitui o próprio desenvolvimento; e não pela natureza própria daquela sociedade, o que revelaria as circunstâncias e fatores nela imanentes e que constituem as premissas do desenvolvimento, esta maneira de considerar as coisas torna esse desenvolvimento inexplicável a não ser pela intervenção de fatores estranhos e exteriores ao processo

HISTÓRIA E DESENVOLVIMENTO

analisado que ficam por isso sem explicação. É assim aliás que procedem os teóricos ortodoxos do desenvolvimento. Rostow, por exemplo, e com ele os demais economistas ortodoxos mais ou menos sempre pelo mesmo diapasão, refere-se ao papel das "concepções da ciência moderna" que ensejaram o progresso tecnológico; ou então à "idéia de que não só é possível o progresso econômico, mas também que ele é condição indispensável para uma outra finalidade considerada benéfica: seja ela a dignidade nacional, o lucro privado, o bem estar geral, ou uma vida melhor para os filhos". Rostow ainda invoca o papel de "novos tipos de homens de empresa dispostos a mobilizar economias ou correr riscos visando o lucro ou a modernização".[3] Mas nem Rostow, nem os demais que o acompanham na sua maneira de interpretar o desenvolvimento explicam ou procuram explicar, no contexto histórico que estão considerando, o porquê da ocorrência de todos esses acontecimentos geradores e estimuladores do processo cumulativo das inversões e do conseqüente desenvolvimento. Nem lhes bastaria invocar, como fariam e fazem num caso como o brasileiro, o exemplo e a intervenção de outros países já desenvolvidos, porque é o processo global e conjunto que se trata de considerar e explicar. E nele precisar as circunstâncias específicas, bem como o porquê delas, em que aquele exemplo e aquela intervenção se fizeram oportunos num certo momento e não em outro; porque se mostraram

---

3. W. W. Rostow. *Etapas do Desenvolvimento Econômico (Um manifesto não-comunista).* Tradução brasileira, 3.ª edição. Rio de Janeiro, 1966, pp. 16/17.

30 CAIO PRADO JÚNIOR

fecundos e encontraram receptividade no país, que os aceitou e abrigou.

Todas essas questões hão de ser forçosamente respondidas com a análise da própria fase histórica que antecede o surto moderno do desenvolvimento, a fim de aí apreender as circunstâncias peculiares que ensejaram, ou em maior ou menor grau embaraçaram e puseram obstáculos àquele desenvolvimento. A teoria ortodoxa do desenvolvimento parte de uma situação estática, uma abstrata "sociedade tradicional", semelhante em toda parte (ou pelo menos assemelhada para os fins da teoria), que num momento dado começa a se transformar por força de fatores estranhos e exteriores à sua dinâmica própria, sejam o avanço científico e as conquistas tecnológicas, sejam idéias e esperanças de progresso econômico, ou a intervenção de uma nova classe de indivíduos empreendedores e dinâmicos. Confluindo tudo para o desencadeamento de um processo auto-impulsionado de acumulação capitalista e inversão progressivas que condicionam o desenvolvimento. Contudo aí pára a teoria, não procurando explicar o surgimento daqueles fatores que propiciariam o desenvolvimento. Nem mesmo ela se propõe a questão de ligar esse surgimento com as condições próprias e específicas da situação e com a conjuntura do momento em que aquele surgimento se verifica. Ora é precisamente isso o que mais importa. A saber, o processo histórico global e de conjunto que liga o passado ao presente; que se forja naquele passado e que abre perspectivas para o futuro. Essa continuidade se encontra, e somente te aí nos é dado descobri-la, nos fatos específicos e sua interligação que vai dar naquele processo histórico e o

HISTÓRIA E DESENVOLVIMENTO 31

configura. Processo que é *sobretudo* histórico, e não se ajusta a modelos construídos *a priori* na base de ocorrências que caracterizaram (aliás parcialmente apenas) a institucionalização das relações capitalistas de produção nos países que foram seus pioneiros. É na especificidade própria de cada país que se há de indagar do processo pelo qual ele se formou, evoluiu, cresceu e desenvolveu, ou se pode desenvolver e como, a fim de emparelhar-se aos padrões do mundo moderno.

Vamos ocupar-nos aqui, em particular, do caso brasileiro, e é na história de nosso país, portanto, que se encontrará a interpretação do atual processo em curso do desenvolvimento brasileiro, bem como da transição do país, do subdesenvolvimento em que se encontra, para uma eventual situação futura de integração efetiva nos padrões da civilização e cultura de nossos dias. Procuraremos destacar, no conjunto dos fatos que constituem a nossa história, os traços fundamentais em que se articula aquele conjunto, e onde se marca a direção geral e a dinâmica do processo histórico brasileiro. Isso nos proporcionará a visão precisa e apreciação segura do desenrolar daquele processo e dos fatores que em sua fase ora em curso atuam no sentido do nosso desenvolvimento, bem como em sentido contrário. O que tornará possível, assim pensamos, orientá-lo convenientemente. Esta última parte contudo já constituirá política econômica, e mesmo política simplesmente, e se situa por isso além dos limites do presente trabalho. Esperamos todavia que para aí se abrirão algumas perspectivas, o que servirá

32 CAIO PRADO JÚNIOR

pelo menos para mostrar o grande papel da historiografia e daqueles que a cultivam, na tarefa de enca-
minhar a solução dos problemas brasileiros da atualidade.

II

Para o objetivo que temos aqui em vista — a saber, o estabelecimento das premissas históricas da problemática do desenvolvimento brasileiro — trata-se de primeiramente buscar a linha central da marcha de nossa história a fim de destacar o sentido fundamental que condicionou a nossa formação, evolução e maneira particular de ser. É aí que poderemos alcançar a natureza própria de nossa coletividade nacional, bem como os problemas que aquela formação histórica e a situação contemporânea em que ela desembocou propuseram em face das contingências do mundo em que hoje vivemos.

Uma tal colocação do assunto, indo buscar em passado relativamente remoto as raízes e circunstâncias que modelaram a situação atual, é possível e necessária em conseqüência da relativa uniformidade que se observa na formação histórica brasileira desde seus primeiros passos. Efetivamente a história brasileira apresenta, no curso de seu desenvolvimento, desde os primórdios até os nossos dias, acentuada continuidade. Não ocorre nela nenhuma solução apreciável dessa continuidade, e o caráter e sentido desta coletividade que constitui o Brasil tal como ele ainda se apresenta

34 CAIO PRADO JÚNIOR

no essencial e fundamental, se marcou, como aliás veremos, desde os primeiros passos da colonização. Formação demográfica, distribuição geográfica da população, estrutura sócio-econômica, tudo isso, com os demais elementos daí derivados e que caracterizam a nossa nacionalidade, provêm direta ou indiretamente — mas sempre de maneira muito próxima — das circunstâncias segundo as quais o Brasil em formação se inseriu nesse sistema que é o do mundo moderno saído da Idade Média, isto é, posterior ao séc. XV. Mundo este que, com o seu epicentro na Europa, se explica e define essencialmente pela expansão universal da cultura e civilização daquele continente, expansão de natureza fundamentalmente econômica e estimulada pela atividade mercantil que constitui o traço característico do mundo moderno. No sistema internacional e universal assim constituído — ou que se foi constituindo depois do encerramento da Idade Média — o Brasil figuraria como um território, em seguida uma coletividade humana em vias de integração e afinal um país e propriamente nação, de natureza marginal e periférica, destinada a servir de campo para o exercício e os objetivos daquela atividade mercantil característica, do mundo moderno, dos povos europeus ou de origem européia. Nisso consiste o fundo, e podemos dizer a substância da formação e evolução brasileiras. Ou em outras palavras e para usar uma formulação filosófica, a sua "qualidade".

Essa "qualidade" contudo, não resistirá imutável. Ela essencialmente se mantém, é certo, através dos séculos. Mas as contradições que nela se geram no processo de seu crescimento e desenvolvimento, cada vez

HISTÓRIA E DESENVOLVIMENTO

mais lhe comprometem a pureza originária. Até os dias de hoje em que as contradições se multiplicam e agravam de tal maneira, que é a sua própria conservação que se acha ameaçada. Propõe-se assim a transformação em nova "qualidade" diferente da anterior. E é nesse quadro de transformação essencial e iminente que se situa a problemática do momento que ora vivemos. Trata-se, e é este aqui o nosso objetivo central, de defini-la. Compreende-se assim por que é necessário, para chegarmos até aí, acompanhar o processo histórico brasileiro e destacar nele tanto a direção na qual a colonização o orientou e o caráter inicial que lhe imprimiu, como as circunstâncias verificadas no curso de seu desenrolar que lhe foram sucessiva e progressivamente embaraçando e comprometendo aquela primeira direção e sentido inicial. Até amadurecerem no complexo de contradições já hoje irreparáveis que tornam imperativo abrir caminho em nova direção e sentido. Ter-se-á com isso, e somente assim será possível, o quadro geral da situação que hoje se apresenta, a sua significação profunda. E o que é mais, a definição das forças que concorrem, ou que eventualmente serão capazes de concorrer para levar a transformação iminente e implícita na mesma situação a seu natural desenlace na nova "qualidade" que a conjuntura presente implica e que para ela se abre em perspectivas futuras.

Temos com isso o esboço do plano e programa a seguir no desenvolvimento do nosso assunto. Trata-se inicialmente de descrever e analisar os acontecimentos históricos mais salientes — não "em si" propriamente, mas em sua eventual projeção futura —, acontecimentos estes que deram lugar e através dos quais se promoveram e progrediram a ocupação e exploração do território que iria constituir o Brasil. Nesses acontecimentos se destacarão desde logo os estímulos condicionantes que os determinaram e impediram, pois neles se procurarão a natureza e os objetivos do comportamento humano que lhes deram origem. Comportamento balisado, como se dá em todo comportamento do homem, pelo duplo condicionamento ou pólos dialéticos da ação humana que são de um lado os objetivos buscados (que vêm a ser a consciência dos indivíduos agentes), e de outro lado, as contingências nas quais aquela busca se há de realizar. O que no caso que temos em vista se traduz, no fundamental, respectivamente nos objetivos de "negociantes" (no sentido amplo de indivíduos que aspiram pelo lucro proporcionado por atividades mercantis), que foi o que impeliu os portugueses a encetarem a colonização do território brasileiro. E por outra parte, as circunstâncias iniciais do meio natural e humano com que esses indivíduos se defrontaram no curso de suas atividades e com as quais tiveram de contar a fim de as levar a cabo. Com esses dados e análises teremos o quadro geral e fundamental em que se processou a colonização portuguesa. E não somente o quadro "estático", o que há de permanente no processo considerado, mas também o que se encontra nele de "novo", e que no mesmo processo e por força dele próprio lhe vai progressivamente concedendo nova feição e sentido diferente.

Será a colonização, de início, uma rudimentar empresa condicionada pelas desfavoráveis circunstâncias — em confronto com outros territórios do ultramar — com que os portugueses toparam no Brasil. A saber,

HISTÓRIA E DESENVOLVIMENTO 37

uma terra parcamente habitada por ralas populações indígenas ainda na idade da pedra, que nada ou quase nada ofereciam de aproveitável para os fins visados pelos traficantes europeus. Nem mesmo uma força de trabalho adequada. Da solução dos problemas propostos em tal situação e emergência, resultaram o início da ocupação e efetivo povoamento brasileiro, e a progressiva estruturação, daí derivada, de uma sociedade institucionalizada com organização econômica, social e administrativa próprias. A simples empresa comercial dos primeiros anos se vai por isso transformando, diferenciando e complicando. Já não será mais a simples feitoria, nem "o contacto fortuito de portugueses com os trópicos" — na sugestiva imagem de Gilberto Freyre. É uma nova nação que se esboça no seio do empreendimento comercial inaugurado pelos portugueses em trópicos americanos. O espírito dominante, e daí o "sentido" da colonização, será o mesmo, porque a base econômica não se modificará tão cedo. Mas já se trata de um fato e situação econômica, no seu conjunto, mais amplo e complexo, em que se delinearia uma progressiva diferenciação entre o "português" e um "novo" que é o brasileiro. E pois um contraste, que se fará em contradição e conflito. Contradição essa que se aprofundará e aguçará na medida em que a colônia americana e as atividades lucrativas que proporciona se fazem a principal e quase única base econômica do Reino, privado que é, no correr do séc. XVII, da melhor parte de seu império ultramarino pela concorrência de holandeses e ingleses. E isto ocorre ao mesmo tempo em que o crescimento da Colônia e a multiplicação e ampliação de suas perspectivas econômicas

38 CAIO PRADO JÚNIOR

tendem a extravasar os estreitos quadros institucionais do sistema colonial próprio de uma Metrópole decadente.

Alcança-se o clímax desse processo e o momento decisivo em que se exacerbam e precipitam as contradições nele incluídas, quando a Metrópole se reduz afinal à situação para a qual vinha progressivamente tendendo, de simples elo intermediário e parasitário entre, de um lado, o grande sistema internacional do capitalismo mercantil que se instalara no mundo sob a égide das grande potências européias, e da Grã-Bretanha em especial; e de outro lado, este seu elemento e parte que adquirira relevo apreciável e que vinha a ser o Brasil. A separação de Portugal e a independência brasileira significarão assim a integração do Brasil naquela nova ordem internacional sem ser por mediação do Reino. Não se modificará contudo substancialmente com isso a posição da ex-colônia promovida a nação independente, pois continuará como dantes, elemento marginal e periférico do sistema econômico internacional para cujo comércio contribui como fornecedor de produtos primários tropicais. Mas alargam-se naquela nova perspectiva os seus horizontes, porque conta agora com a participação direta, e sem a mediação de uma Metrópole decadente, das iniciativas, dos estímulos, do nível tecnológico, dos recursos e aparelhamento comercial e financeiro dos grandes centros do capitalismo internacional. Conta com tudo isso para o fomento e reestruturação em nível mais elevado de suas atividades produtivas, para o transporte de seus produtos, encaminhamento e distribuição deles, sem nenhum obstáculo e empecilho (como se dava sob o domínio por-

HISTÓRIA E DESENVOLVIMENTO 39

tuguês), pelos grandes mercados mundiais. Mercados estes que o considerável impulso desencadeado pela revolução industrial terá alargado em ritmo precipitado e tornado em sorvedouro insaciável de matériasprimas e gêneros alimentares destinados a abastecerem máquinas e homens nelas aplicados ou nelas direta ou indiretamente dependentes. Outras tantas perspectivas para os fornecedores dessas matérias-primas e alimentos, como o Brasil, que logo se fará em importante contribuinte deles. E com isso crescerá. Demograficamente, com o afluxo, de uma parte, dos candidatos a participantes no manejo e nos lucros do negócio oferecido pela nova e brilhante conjuntura que se apresentava ao país; e de outra parte, da maciça mão-de-obra necessária à promoção daqueles negócios. A este último título virão, ou antes serão trazidos, até meados do séc. XIX, africanos escravos; em seguida, imigrantes europeus. A economia crescerá com novas e ampliadas atividades produtivas — aos tradicionais produtos, o açúcar e o algodão, virão juntar-se o café, o cacau, a borracha e outros mais. Acrescentar-se-á a essa diversificação de atividades, a sua ampliação e intensificação pelo novo e tão mais elevado nível tecnológico atingido na civilização contemporânea de que, embora em plano e proporções modestas, o Brasil passará a participar. A isso se somarão a extensão e intensificação das relações e transações comerciais e financeiras que aquelas novas circunstâncias determinam, bem como a conseqüência e acompanhamento de tudo isto que é a elevação dos·padrões materiais e culturais, e pois — fato novo e da maior importância e significação porque estará em contradição frontal e profunda

40 CAIO PRADO JÚNIOR

com o sistema econômico colonial vigorante, de simples fornecimento de produtos primários ao comércio internacional — o surgimento de um consumo e mercado internos significativos que se farão sentir e se afirmarão cada vez mais, comprometendo com isto irremediavelmente as bases econômicas do sistema tradicional. Comprometimento que será também das instituições sociais e políticas que estruturam e asseguram o mesmo sistema. Isso porque no processo de crescimento dele, mercado e consumo efetivos se projetarão sempre para diante num mercado potencial de consumidores insatisfeitos, isto é, que aspiram participar também daquele mercado e consumo efetivos cujo acesso lhes é embaraçado e até mesmo vedado quase de todo pela ordem econômica e social vigente.

É precisamente nessas contradições geradas pelo sistema internacional do capitalismo em que o Brasil e demais povos e países de sua categoria se enquadram como simples elementos periféricos e subsidiários, campos e horizontes de negócios comandados e usufruídos pelos centros controladores do sistema, é aí que se situam os impulsos dinâmicos do processo histórico ora em curso no cenário internacional de nossos dias, e no Brasil em particular. A problemática do crescimento econômico e desenvolvimento que é a matéria central da presente tese, se situa precisamente na superação e solução de tais contradições. Somente o conhecimento delas em profundidade — o que implica necessariamente o conhecimento do processo histórico em que foram geradas — somente isso, portanto, permitirá a proposição adequada daquela problemática e a sua solução.

III

É dentro do esquema anteriormente esboçado que se desenrola a história brasileira. Assinalemos os acontecimentos principais, os mais salientes e marcantes que o pontilham, precisando com isso a natureza e caráter essencial dessa coletividade humana que constituiria a nacionalidade brasileira; bem como o "sentido" de sua formação e evolução. Já no fato original da descoberta do território brasileiro e sua ocupação pelos portugueses, se imprimiria o caráter que presidiu a colonização daquele território. A expansão marítima dos países da Europa, depois do séc. XV, expansão de que a descoberta e ocupação da América e do território brasileiro em particular constituem o capítulo que especialmente nos interessa aqui, se origina de simples empresas comerciais levadas a efeito pelos navegadores daqueles países. Deriva ela do desenvolvimento do comércio continental europeu que até o séc. XV é quase unicamente terrestre, e limitado, por via marítima, a uma mesquinha navegação costeira e de cabotagem. A grande rota comercial do mundo europeu, que sai do esfacelamento do Império do Ocidente, é aquela que liga por terra o Mediterrâneo ao Mar do Norte, desde as repúblicas italianas, através dos Alpes, os cantões suíços, os grandes empórios do Reno, até o estuário do rio onde estão as cidades flamengas. No séc. XIV, mercê de uma verdadeira revolução na arte de navegar e nos meios de transporte por mar, outra rota ligará aqueles dois pólos do comércio europeu: será a marítima que contorna o continente pelo estreito de Gibraltar. Rota que, subsidiária a princípio, substituirá afinal a primitiva no grande lugar que ela ocupava. O primeiro reflexo dessa transformação, a princípio imperceptível, mas que se revelará profunda a revolucionará todo o equilíbrio europeu, foi deslocar a primazia comercial dos territórios centrais do continente, por onde passava a antiga rota, para aqueles que formam a sua fachada oceânica: a Holanda, a Inglaterra, a Normandia, a Bretanha e a península ibérica.

Esse novo equilíbrio firma-se desde princípios do séc. XV. Dela derivará não somente todo um novo sistema de relações internas do continente, mas, nas suas conseqüências mais afastadas, a expansão européia ultramarina. O primeiro passo estava dado, e a Europa deixará de viver recolhida sobre si mesma para enfrentar o Oceano. O papel de pioneiro nessa nova etapa caberá aos portugueses, os mais bem situados, geograficamente, no extremo desta península que avança pelo mar. Enquanto os holandeses, ingleses, normandos e bretões se ocupam na via comercial recém-aberta, e que bordeja e envolve pelo mar o ocidente europeu, os portugueses vão mais longe, procurando empresas em que não encontrassem concorrentes mais antigos e já instalados, e para que contavam com vantagens geográficas apreciáveis. Buscarão a costa ocidental da África, traficando aí com os mouros que

HISTÓRIA E DESENVOLVIMENTO 43

dominavam as populações indígenas. Nessa avançada pelo Oceano descobrirão as ilhas (Cabo Verde, Madeira, Açores), e continuarão perlongando o continente negro para o sul. Tudo isso se passa ainda na primeira metade do séc. XV. Lá por meados dele, começa a se desenhar um plano mais amplo: atingir o Oriente contornando a África. Seria abrir para seu proveito uma rota que os poria em contato direto com as opulentas Índias das preciosas especiarias, cujo comércio fazia a riqueza das repúblicas italianas e dos mouros, por cujas mãos transitavam até o Mediterrâneo. Não é preciso repetir aqui o que foi o périplo africano, realizado afinal depois de tenazes e sistemáticos esforços de meio século.

Atrás dos portugueses lançam-se os espanhóis. Escolherão outra rota, pelo ocidente em vez do oriente. Descobrirão a América, seguidos de perto pelos portugueses que também toparão com o novo continente. Seria a descoberta do território que constituiria o Brasil, acontecimento este, como se vê, situado em cheio na execução da imensa tarefa em que se tinham empenhado os navegadores europeus, de desvendar rotas capazes de pôr em contato e articular o comércio europeu com territórios ultramarinos, e utilizá-los em proveito desse comércio. É com esse espírito e essa finalidade que os portugueses abordam o território brasileiro e o ocupam. Nem outro poderia ser seu pensamento. A idéia de povoar não lhes ocorria, nem tão pouco aos demais navegadores e exploradores de outros povos. É o comércio e somente ele que interessa a todos, e daí o relativo desprezo, a princípio, por este território primitivo e tão escasso de habitantes que é

44 CAIO PRADO JÚNIOR

a América; inversamente ao prestígio do Oriente onde não faltava objeto para atividades mercantis. Por muito tempo mesmo, o maior interesse que o Brasil apresentou foi o de servir de escala para as frotas que demandavam as Índias. A idéia de ocupar, não como se fizera até então, em terras estranhas, apenas com agentes comerciais, funcionários e militares para a defesa, organizados em simples feitorias destinadas a mercadejarem com os nativos e servirem de articulação entre as rotas marítimas e os territórios ocupados, mas ocupar com povoamento efetivo, isso somente surgiu como contingência, necessidade imposta por circunstâncias novas e imprevistas. Aliás, nenhum povo da Europa estava em condições naquele momento de suportar sangrias na sua população, que no séc. XVI ainda não se refizera de todo das tremendas devastações da peste que assolaram o continente nos dois séculos precedentes. Na falta de censos precisos, as melhores probabilidades indicam que em 1500 a população da Europa ocidental não ultrapassava a do milênio anterior.

Em tais condições, "colonização" ainda era entendida como aquilo que dantes se praticava; fala-se em colonização, mas o que o termo envolvia não era mais que o estabelecimento de feitorias comerciais, como os italianos vinham de longa data praticando no Mediterrâneo, a Liga Hanseática no Báltico, mais recentemente os ingleses, holandeses e outros no extremo norte da Europa e no Levante; como os portugueses fizeram na África e na Índia. Na América a situação se apresenta de forma inteiramente diversa: um território ainda não desbravado, habitado por rala população indígena incapaz de fornecer qualquer coisa de real-

HISTÓRIA E DESENVOLVIMENTO

mente aproveitável. Para os fins mercantis que se tinham em vista, a ocupação não se podia fazer como nas simples feitorias, com um reduzido pessoal incumbido apenas do negócio, sua administração e defesa armada. Era preciso ampliar essas bases, criar um povoamento capaz de abastecer e manter as feitorias que se fundassem, e organizar a produção dos gêneros que interessavam o seu comércio. A idéia de povoar surge daí, e só daí.

E fez lentamente caminho. Nos primeiros decênios posteriores à descoberta não se cogitaria ainda de povoamento, e buscou-se unicamente a maneira de superar de alguma forma as deficiências que o território apresentava no referente aos objetivos mercantis visados pelos exploradores. Isso foi alcançado, como se sabe, com o aproveitamento de produtos extrativos, em particular o pau-brasil de que se tirava matéria corante destinada a tingir os panos e que substituía perfeitamente, e mesmo com vantagem, os produtos até então empregados para esse fim, como o "verzino" ou "brasil", importado desde longa data do Oriente. A exploração do pau-brasil não deixou traços apreciáveis, a não ser na destruição impiedosa e em larga escala das florestas nativas donde se extraía a preciosa madeira. Não se criaram estabelecimentos fixos e perduráveis, uma vez que por sua natureza, a exploração de um produto extrativo como o pau-brasil era essencialmente nômade. Os traficantes se aproximavam da costa, escolhendo um ponto abrigado, e próximo das matas onde se encontrava a essência em concentrações interessantes, e aí embarcavam a mercadoria que lhes era trazida pelos indígenas. É graças aliás à presença relativamente nu-

46 CAIO PRADO JÚNIOR

merosa de tribos nativas no litoral brasileiro que foi possível dar à indústria um desenvolvimento apreciável. As tripulações dos navios que efetuavam o tráfico não dariam conta, por si só, a não ser de forma muito limitada e por isso mesmo talvez sem maior interesse comercial, da árdua tarefa de cortar árvores de grande porte como o pau-brasil, que alcança um metro de diâmetro na base do tronco, por dez de altura, transportá-las até a praia e daí às embarcações.

A indispensável participação do indígena na empresa exploradora do pau-brasil fez com que se apresentasse, já de início, uma primeira amostra e como que modelo em miniatura do padrão da futura organização das relações de produção e da estrutura sócioeconômica básica da sociedade brasileira: de um lado, o europeu que vem especular, realizar um negócio, fazendo-se para isso de empresário, dirigente e administrador da empresa destinada a fornecer os produtos, oferecidos pelo território ocupado, ao comércio de seu país de origem. De outro lado, o trabalhador de raça exótica (para o colono branco, naturalmente), sem outro papel na empresa que contribuir com sua força de trabalho. Essa força de trabalho se recrutará a princípio, voluntariamente, em troca de miçangas e outros pequenos objetos que embora de valor ínfimo para os europeus — o que precisamente fazia o grande interesse comercial do empreendimento — enchiam de satisfação os indígenas que se esforçariam para alcançá-los. Mais tarde, quando as exigências dos indígenas começam a crescer, ameaçando com isto a margem de lucro da empresa, substituem-se os atrativos de objetos cobiçados pela coação. As relações de trabalho evolui-

HISTÓRIA E DESENVOLVIMENTO 47

rão para a escravidão. Isto contudo ocorrerá propriamente em fase mais adiantada da colonização, quando empreendimentos de maior vulto e complexidade que a extração do pau-brasil propõem problemas de diferente natureza. É o que logo veremos. Mas lembramo-lo desde já, para comprovar e tornar ainda mais claras as condições em que os não-europeus se incorporam à colonização, e o papel que o trabalhador nela representa. Simples instrumento à disposição dos dirigentes do negócio que é o que essencialmente constitui a colonização. E nela incluídos exclusivamente em função do interesse daqueles dirigentes: voluntariamente se for possível harmonizar a vontade do trabalhador com aquele interesse; caso contrário, pela coação.

O tipo de organização adotada na exploração do pau-brasil se repetirá mais tarde, em escala maior e com outra complexidade, mas respeitando sempre, no essencial e básico, o modelo descrito, quando a colonização se lança em empresas de maior envergadura. A principal delas será, nos dois primeiros séculos, sem contraste e com grande projeção, a produção do açúcar de cana. Trata-se de gênero primário que alcançará grande demanda e ocupará um primeiro lugar no comércio internacional. É graças à produção do açúcar, em que o Brasil gozará de grande destaque, que se tornará possível levar adiante a colonização e efetivamente ocupar o território brasileiro, lançando as bases de seu povoamento. O Brasil, parafraseando Ptolomeu, é "um dom do açúcar", porque o que virá depois dele já contará com os pontos de partida e os recursos postos à disposição do progresso ulterior da colonização, pelo já realizado com a exploração da cana. É considerada

48 CAIO PRADO JÚNIOR

por esse ângulo que se compreenderá melhor a origem da formação do nosso país, a sua razão de ser. Não foi a colonização que empreendeu e desenvolveu o aproveitamento da exploração canavieira, e sim o contrário: é essa exploração que deu origem à colonização e ao Brasil. Assim visualizado o assunto, destaca-se o fato cuja caracterização é essencial para a compreensão da formação brasileira, a saber, que não é a economia do açúcar que se conforma e adapta às necessidades de uma sociedade preexistente que nela procura a base econômica de sua subsistência. E sim é esta sociedade que se origina, dispõe e organiza em função da finalidade precípua de produzir açúcar e assim realizar um negócio. Negócio que tem, não como objetivo (pois o objetivo próprio de todo negócio é tão-somente o lucro mercantil), mas como objeto, o atendimento de necessidades e de um consumo estranhos ao país e à coletividade nela instalada, e que se torna assim em simples expressão daquele negócio. E assim condicionada, refletirá em todos os seus aspectos, econômicos, sociais, mesmo culturais e psicológicos e, na medida em que couberem numa simples colônia, políticos também, as injunções determinadas por aquela atividade mercantil. Analisando-se portanto a organização da economia açucareira, a sua estrutura e forma como se dispõe, tanto internamente nas suas relações de produção, como externamente no sistema sócio-econômico a que dá origem e no qual se enquadra, analisando-se estas circunstâncias ter-se-á a perspectiva, em profundidade, das instituições fundamentais e do caráter essencial da sociedade brasileira em seu ponto de partida. E ter-se-á sobretudo a visão geral do fato, de fundamental impor-

HISTÓRIA E DESENVOLVIMENTO

tância para a compreensão do Brasil, da intimidade e integridade com que se marcou na formação do país, o caráter que lhe foi impresso pela finalidade de negócio que presidiu à sua constituição.

IV

O açúcar é no Brasil, antes de tudo e mesmo com exclusividade, *mercadoria*, objeto de comércio. Produz-se não para consumo dos produtores, mas para vender (e mesmo vender para fora do país, para exportar), a fim de apurar na transação um lucro monetário. Não é demais insistir aqui nisto que de tão notório já borda a banalidade, a fim de bem marcar o contraste da economia agrária brasileira com outros tipos econômicos em que não ocorre, ou pelo menos não predomina com tamanha exclusividade como se dá em nosso caso, o objetivo comercial. Muitas e graves confusões se insinuam imperceptivelmente na análise e interpretação da economia brasileira nas primeiras fases de sua formação, quando não se tem em vista aquela sua característica e peculiaridade específica bem presente; e em conseqüência se confundem inadvertidamente situações que comportam cada qual efeitos econômicos, sociais e históricos, em geral, bem diversos. A agricultura propriamente comercial constitui exceção até época muito recente. E quando se instala a colônia brasileira, bem como outras colônias de origem semelhante, ela era ainda, como fato geral e normal, virtualmente desconhecida. Na generalidade dos casos, inclusive na Euro-

52 CAIO PRADO JÚNIOR

pa em que nos entroncamos, a mercantilização das atividades agrárias constitui fato moderno, e o comércio se insere aí numa economia agrária preexistente sob outras formas e já largamente desenvolvida. No Brasil, pelo contrário — e a diferença é considerável e de largas conseqüências — é a preexistência de um objetivo comercial que precisamente abre perspectiva para atividades agrícolas e estimula o estabelecimento e desenvolvimento delas. A mais grave e imediata decorrência desse fato é que a produção para a subsistência dos produtores e de todos aqueles que direta ou indiretamente dependem das atividades agrárias — e será este o caso de praticamente todo mundo nos primeiros tempos da colonização — é relegada a um segundo e apagado plano; e é por isso desleixada. Trataremos desse assunto com mais vagar adiante, e lembramo-lo aqui unicamente para fazer sentir desde logo um dos mais sérios sintomas da falta de organicidade econômica a que as precárias bases da colonização condenaram a nascente sociedade brasileira. Vejamos antes as conseqüências de ordem mais geral que resultam da originária e prematura mercantilização das atividades econômicas fundamentais da colônia. São elas em especial a organização e estrutura específicas da agricultura brasileira que trarão a marca iniludível do objetivo essencialmente comercial a que essa agricultura se destina. Isso desde a determinação da produção escolhida — que será de um gênero de grande expressão comercial na conjuntura internacional da época, como foi o caso do açúcar de cana, sem atenção a nenhuma outra consideração —, até o tipo e as dimensões das unidades produtoras, bem como as relações de produção e tra-

HISTÓRIA E DESENVOLVIMENTO 53

balho que nelas se estabelecem. Essas unidades serão
a *exploração em larga escala*, de iniciativa do empresário que realiza um negócio e objetiva o lucro, nela
invertendo os recursos financeiros (capital) de que dispõe; e na qual, sob a direção do mesmo empresário
que comanda sem contraste e dispõe tudo em função
única do seu objetivo comercial, conjugam-se grande
propriedade fundiária monocultural e a numerosa força
de trabalho servil. Constitui esse tipo de organização a decorrência
própria e natural do conjunto de circunstâncias que
concorrem para a implantação da lavoura canavieira
e fabricação do açúcar. Tanto das contingências de
ordem tecnológica do empreendimento, como do espírito e das finalidades que o animam. Não interessaria
evidentemente aos colonos que demandavam o Brasil
para nele se instalarem e enriquecerem no manejo de
um bom negócio, tornarem-se pequenos proprietários
e modestos camponeses. A condição para sua expatriação tinha por isso que ser a oportunidade de um empreendimento de vulto. Doutro lado, há um importante
fator de ordem tecnológica que determina a implantação da exploração em larga escala na cultura da cana
e produção do açúcar. Aquela cultura somente se prestava, comercialmente, ou pelo menos se prestava consideravelmente melhor a grandes plantações. Já para
desbravar e preparar convenientemente o terreno (tarefa particularmente custosa em meio tropical e virgem
tão hostil ao homem e suas atividades), tornava-se necessário o esforço reunido de muitos trabalhadores.
Não era empresa para pequenos proprietários isolados.
Isso feito, a plantação, a colheita e o transporte do

54 CAIO PRADO JÚNIOR

produto até os engenhos onde se preparava o açúcar somente se tornavam rendosos quando executados em comum por numerosos trabalhadores, operando com grandes volumes do produto. Nessas condições o pequeno produtor achava-se sensivelmente desavantajado. Que dizer então do "engenho", a fábrica do açúcar, com o beneficiamento da cana, necessariamente de vulto e de tão grande custo (donde a exigência de economias de escala e grande produção), e operado por numerosa força de trabalho? A exploração em larga escala se torna assim essencial. E com ela, naturalmente, a grande propriedade que é seu corolário. Assim também a monocultura, não somente porque a natureza da exploração e seus objetivos impõem a concentração de esforços na atividade produtiva para a qual foi montada, como também porque a grande propriedade trabalhada por mão-de-obra inferior, como é a regra nos trópicos, e o foi também no Brasil, não pode ser empregada numa exploração diversificada e de alto nível tecnológico.

O terceiro e certamente o mais importante elemento que concorre na organização da economia açucareira que dá início e proporciona o primeiro impulso da colonização efetiva, é o trabalho escravo. Nas circunstâncias gerais, acima consideradas, que presidem à colonização brasileira, e particularmente naquelas em que se instala e organiza a produção do açúcar, as relações de produção e trabalho se estabelecem necessariamente na base da separação entre a propriedade dos meios de produção, de um lado, e de outro, o fornecimento da força de trabalho. Trata-se naquele empreendimento, centralmente, de um negócio, de uma empresa

HISTÓRIA E DESENVOLVIMENTO

comercial; e o que é mais, de uma empresa de certo vulto que para cada unidade produtora e empresário, requeria o concurso de um número relativamente grande de trabalhadores. De onde proviria essa mão-de-obra? Não da Metrópole, e muito menos, está claro, de outros países da Europa. O português, como qualquer outro europeu, não emigraria para os trópicos, nas circunstâncias da época, para se engajar como simples assalariado do campo. Isso que seria possível em época recente, e se verificou efetivamente com a forte corrente imigratória européia que afluiu para o Brasil desde a segunda metade do século passado, era na época senão inconcebível (temos o caso dos *indentured servants* que a colonização inglesa encaminhou em pequeno número para o Sul dos Estados Unidos e as Antilhas), pelo menos difícil e de perspectivas extremamente limitadas. Tanto mais que havia na época grande carência de mão-de-obra em Portugal. A tal ponto que desde as primeiras expedições à costa da África encetara-se um forte tráfico de escravos aí capturados e com que se abastecia o Reino a fim de suprir a insuficiência de mão-de-obra disponível. Mesmo já antes disso, os portugueses adquiriam escravos negros de traficantes árabes. Não estava assim Portugal em condições de fornecer a força de trabalho que a colonização, e a produção do açúcar em especial, necessitavam.

. A primeira solução encontrada, e já referida acima, foi o emprego de indígenas que eram relativamente numerosos ao longo do litoral brasileiro, e se achavam assim ao alcance dos colonos. Empregaram-se, como foi referido, na extração do pau-brasil. E não ocorreram aí dificuldades especiais. Já no caso da produção

CAIO PRADO JÚNIOR

de açúcar, a situação era outra, e aparecem sérios obstáculos no recrutamento e aproveitamento do indígena. O principal deles vem da intensificação da demanda de trabalhadores em face das exigências incomparavelmente maiores da produção do açúcar em confronto com a rudimentar e tão simples extração do pau-brasil. Essa demanda intensificada determina, como conseqüência natural, exigências maiores dos indígenas. Tanto mais que os pequenos objetos com que eram gratificados se iam banalizando com o tempo e perdendo por isso o agudo interesse que a princípio despertavam.

Esse encarecimento da mão-de-obra naturalmente reduzia a margem de lucro do negócio, e estimulava a procura de outras soluções para o problema. Acresce que se o índio, por natureza nômade, se dera bem com o trabalho esporádico e livre da extração do pau-brasil, já não se afeiçoará à disciplina, método e rigor de uma atividade rigidamente organizada e sedentária como da lavoura da cana e fabricação do açúcar. Já não se sujeitará por isso com tanta facilidade, e assim, além de determinar o encarecimento da produção, mostrar-se-á pouco eficiente. Trabalhará mal e irregularmente. Aos poucos, fez-se necessário forçá-lo ao trabalho, manter vigilância estreita sobre ele e impedir sua fuga e abandono da tarefa em que se achava ocupado. Daí para a escravização pura e simples foi apenas um passo.[1]

---

1. Essa transformação das relações de trabalho nos primórdios da colonização brasileira acha-se analisada por Alexander Marchant, *Do escambo à escravidão. As relações econômicas de portugueses e índios na colonização do Brasil. 1500-1590*. Tradução de Carlos Lacerda. São Paulo, 1943.

HISTÓRIA E DESENVOLVIMENTO

E não havia outra solução. A deficiência quantitativa e qualitativa do trabalho indígena livre, aliada ao seu encarecimento — que chegou até extremos altamente perigosos, pois até com armas de fogo se chegou a remunerá-lo, o que foi rigorosamente proibido, como é compreensível — obrigou os proprietários a lançarem mão da coação pura e simples. Seria a escravidão, que apenas trinta anos, possivelmente até menos, decorridos do início da ocupação efetiva do Brasil e do estabelecimento da agricultura, se generalizará e instituirá firmemente em toda parte. "Firmemente", como instituição consagrada e de fato legalizada; mas não como sistema econômico estável e eficiente. O indígena resistirá desesperadamente à escravização. Defender-se-á e lutará com todo ardor e de armas na mão. Inclusive revidará, não somente revoltando-se em massa quando já apresado e feito escravo, como partindo para ofensivas de larga envergadura contra estabelecimentos coloniais. Situação esta que convulsionará a vida da colônia por muito tempo; e mesmo a torna de início inviável em diferentes lugares.

Situação evidentemente insustentável. Tanto mais que além da resistência que ofereceu ao trabalho escravo, o índio se mostrou muito mau trabalhador, de pouca resistência física e de eficiência mínima. Nunca teria sido capaz de dar conta de uma tarefa colonizadora levada em grande escala. Está aí o exemplo da Amazônia, onde não chegou a ser substituído em escala apreciável por outro trabalhador; e onde, em grande parte por isso, a colonização estancou até quase nossos dias. É que de um lado seu número era relativamente

CAIO PRADO JÚNIOR

pequeno; doutro o índio brasileiro, saindo de uma civilização muito primitiva, não se podia adaptar com a necessária rapidez ao sistema e aos padrões de uma cultura tão superior à sua como era aquela que lhe traziam os europeus. O Brasil, nesse assunto, estava em situação bem diversa da do México e dos países andinos, onde a colonização encontrou populações de nível cultural elevado.

Aqui será o negro africano que resolverá em definitivo o problema do trabalho. Os portugueses estavam bem preparados para a substituição: já de longa data, desde meados do séc. XV, como lembramos, traficavam com escravos adquiridos nas costas da África e introduzidos no Reino europeu onde eram empregados em várias ocupações: serviços domésticos, trabalhos pesados, e mesmo na agricultura. Também se utilizaram nas ilhas (Madeira e Cabo Verde), colonizadas pelos portugueses na segunda metade daquele século. Não se sabe ao certo quando apareceram pela primeira vez no Brasil. Há quem afirme que vieram já na primeira expedição de povoadores (1532). O fato é que na segunda metade do século eles são numerosos.

O processo de substituição do índio pelo negro se prolongará até o fim da era colonial. Far-se-á rapidamente em algumas regiões: Pernambuco, Bahia. Noutras será muito lento, e mesmo imperceptível em certas zonas mais pobres, como no extremo norte (Amazônia), e, até o séc. XIX, em São Paulo. Contra o escravo negro havia um argumento muito forte: seu custo. Não tanto pelo preço pago na África, mas em conseqüência

HISTÓRIA E DESENVOLVIMENTO

da grande mortandade a bordo dos navios que faziam o transporte. Mal alimentados, acumulados de forma a haver um máximo de aproveitamento de espaço, suportando longas semanas de confinamento e as piores condições higiênicas, somente uma parte dos cativos alcançava seu destino. Calcula-se que em média somente 50 por cento chegavam com vida ao Brasil, e destes, muitos estropiados e inutilizados. O valor dos escravos foi assim sempre muito elevado, e somente as regiões mais ricas e florescentes podiam suportá-lo.

Mas seja com escravos africanos, escravos ou semiescravos indígenas, a organização das grandes propriedades açucareiras da colônia foi sempre, desde o início, mais ou menos a mesma. É ela a da grande unidade produtora que reúne num mesmo e conjunto trabalho produtivo um número mais ou menos avultado de indivíduos sob direção imediata do proprietário ou seu feitor. É a exploração em larga escala, que conjugando áreas extensas e numerosos trabalhadores, constitui-se como uma única organização coletiva de trabalho e produção. Opõe-se assim à pequena exploração parcelária realizada diretamente por proprietários ou arrendatários.

Essa organização e estrutura da economia agrária brasileira se encontra retratada, muitas vezes com as mais vivas e precisas cores, nos testemunhos contemporâneos, e particularmente nos três depoimentos mais ilustrativos e importantes que a respeito nos ficaram, e que se escalonam ao longo dos três séculos da colônia. São eles o de Gabriel Soares, no alvorecer dela; de Antonil, em princípios do séc. XVIII; e finalmente, o

60 CAIO PRADO JÚNIOR

de Vilhena, já no final do período colonial e vésperas da Independência.[2] As modificações do panorama econômico brasileiro através do tempo, desde o início até o final da colônia, são mínimas, e no essencial, podemos dizer que nenhuma. A estrutura econômica da colônia não se terá alterado, e será, no fundamental, aquela que procuramos acima resumir. E o sistema em que se organiza a cultura da cana e a produção do açúcar nos primeiros momentos da vida brasileira, se repetirá sem modificação substancial no que diz respeito, em especial, às relações de produção e trabalho, nas demais atividades produtivas da colônia, inclusive na mineração. E é nesse quadro que se disporá o conjunto da economia colonial; e sobre essa base se organizará a sociedade brasileira. Antes contudo de concluirmos a respeito dessa primeira e preliminar fase de nossa formação, vejamos alguns outros elementos da organização econômica brasileira com cuja inclusão teremos um esquema geral do assunto.

---

2. Gabriel Soares de Sousa. *Tratado Descritivo do Brasil em 1587.* Revista Trimensal do Instituto Histórico e Geográfico do Brasil. Tomo XIV (1851).
   André João Antonil. *Cultura e Opulência do Brasil, suas drogas e minas.* Coleção Roteiros do Brasil. São Paulo, 1967.
   Luiz dos Santos Vilhena. *Recopilação de Notícias Soteropolitanas e Brasílicas.* Bahia, 1921.

V

Os setores fundamentais e essenciais da economia colonial brasileira, anteriormente considerados, são aqueles que se voltam para a produção de mercadorias exportáveis, isto é, destinadas ao mercado do exterior. Mais que simples *elementos* da economia colonial, são eles que propriamente caracterizam a colonização e lhe dão o traço distintivo e específico, pois representam sua própria razão de ser. É para fornecer açúcar, ouro e diamantes e mais alguns poucos produtos primários ao comércio internacional, que se ocupou e povoou o território que constituiria o Brasil e se instalou nele uma sociedade humana. Tudo mais é acessório daquela função comercial. Amolda-se por isso às suas exigências e sofre-lhe as contingências, desde a distribuição do povoamento, o traçado das vias de comunicação e demais circunstâncias geográficas, até as instituições e a estrutura da sociedade. O homem se fixa e forma seus núcleos de povoamento no correr dos dois primeiros séculos da colonização, sobretudo e quase unicamente ali onde pode, comercialmente e com vistas ao exterior, produzir açúcar. É o que explica a formação dessas três primeiras concentrações demográficas da colônia, que são, em primeiro e destacado lugar, a

62 CAIO PRADO JÚNIOR

Bahia; em seguida Pernambuco; e em última e distanciada posição, São Vicente. Mesmo nesse atraso relativo de São Vicente se verifica o papel determinante e decisivo na função econômica essencial da colonização. É porque São Vicente se encontra relativamente em posição excêntrica ao comércio internacional do açúcar, que o núcleo retarda sobre seus concorrentes do norte, geograficamente mais bem situados. Outros núcleos menores que se espalham ao longo do litoral têm em regra a mesma origem. E circunstâncias análogas se observam no concernente à penetração do povoamento pelo interior do território, e que se realiza sobretudo no correr dos sécs. XVII e XVIII. Essa penetração será sempre ditada, direta ou indiretamente, pela função exportadora da economia colonial. É o caso, evidente, desde logo, da ocupação das regiões centrais do continente que constituiriam as capitanias, depois províncias e hoje Estados de Minas Gerais, Mato Grosso e Goiás. Eram aí o ouro, e em pequena escala os diamantes, que atraíam os povoadores. A outra instância de larga penetração interior, esta de expressão relativa mínima, mas que também ilustra a regra geral que orienta a distribuição do povoamento colonial, é a infiltração pela ampla rede hidrográfica formada pelo rio Amazonas e seus tributários. Aí o que essencialmente se busca são alguns gêneros naturais da floresta — especiarias como o cravo e a canela; a castanha, a salsaparrilha, e sobretudo o cacau —, gêneros estes com que, embora muito modesta e apagadamente, se objetivava abastecer o comércio de exportação.

O terceiro e último grande impulso demográfico em direção ao interior se realizaria na base da pecuária

HISTÓRIA E DESENVOLVIMENTO

de corte, e tem por cenário, primeiramente, em lugar de destaque, o sertão nordestino — precisamente a região tributária dos principais centros produtores de açúcar: a Bahia e o litoral nordeste centrado em Pernambuco —; em seguida, a região que compreende a bacia do rio Grande, ao sul das minas gerais e com elas articulada; e finalmente o território que tomaria o nome de Campos Gerais, e que hoje compreende o planalto interior do Estado do Paraná. Região esta que se liga à colonização vicentina. Tais localizações e ligações se explicam ainda pela natureza específica da economia colonial. A produção da pecuária de corte — a carne bovina — não se destina, é verdade, ao comércio exterior, mas abastece e assegura a subsistência dos centros coloniais que servem àquele propósito. É isto somente que a explica, e a integra assim também naquele sistema econômico geral.

Esta consideração da pecuária e do abastecimento alimentar da Colônia nos leva a um assunto da maior importância dentro da ordem de idéias em que nos encontramos. Ela serve para ilustrar e comprovar mais uma vez o papel decisivo que teve nos rumos da colonização a função econômica a que ela foi destinada, a saber, a de simples fornecedora de produtos primários ao comércio internacional. Esse exclusivismo, que tão profundamente se marcaria na formação e evolução econômica do Brasil e no tipo de sociedade que nele se constituiu, também explica o fato, à primeira vista tão paradoxal e de tão sérias conseqüências, que vem a ser o papel secundário a que sempre se relegaram as atividades destinadas à produção do sustento de base da população: a sua alimentação. É que a produção de

64 CAIO PRADO JÚNIOR

mercadorias exportáveis e impróprias, ou pelo menos insuficientes (como o açúcar) para a subsistência, absorveu inteiramente as atenções. E assim o que deveria normalmente constituir o essencial de uma economia, que é prover ao sustento alimentar dos indivíduos nela engajados, isto sempre foi no Brasil não apenas subestimado, mas até mesmo, freqüentemente, quase por inteiro desatendido. A população rural ainda era suprida, e assim mesmo insuficientemente, com alimentos produzidos nas próprias fazendas, que dedicavam uma parcela de suas atividades à produção de gêneros alimentícios — a mandioca, o milho, o feijão. Era contudo uma produção marginal, a que se dava um mínimo de atenção, e que satisfazia muito mal as necessidades do pessoal empregado. Ocupavam-se geralmente dela, por conta própria, os mesmos escravos ocupados na lavoura principal, e aos quais se concedia um dia na semana, em regra o domingo, para se ocuparem de suas roças. A população urbana não dispunha naturalmente nem desse recurso. Devia recorrer para fora, e para atender a essa demanda — uma vez que para as grandes explorações não dispunham de excedentes, absorvidas que estavam nas suas lavouras principais — constituiram-se margem dessa economia de grandes explorações, umas pequenas e pobres culturas especializadas na produção de alimentos. Será este um setor subsidiário da economia colonial, de expressão quantitativa e qualitativa mínima, e padrão muito baixo, quase sempre vegetativa e de existência precária, com produtividade escassa e sem vitalidade apreciável. Raramente se encontram lavouras dessa natureza que se elevam acima de tal nível. Em geral, a sua mão-de-obra

HISTÓRIA E DESENVOLVIMENTO 65

não é constituída de escravos: é o próprio lavrador, modesto e mesquinho, que trabalha. Às vezes conta com o auxílio de um ou de outro preto, ou mais comumente de algum índio ou mestiço semi-serviçal. É interessante notar essas circunstâncias que retratam a pequena importância e significação do que constituiria, na economia agrária da colônia, um setor propriamente camponês, em contraste com a grande exploração, operada em larga escala na base do trabalho servil, e dedicada exclusivamente à produção de mercadorias exportáveis. Essa situação, fruto das circunstâncias gerais da colonização, e que lhe são peculiares, terá importante papel tanto na configuração da estrutura social brasileira — é um dos principais fatores que contribui para a insignificância das categorias médias da população —, como na dinâmica da nossa evolução econômica, social e mesmo política. De um modo geral, afeta profundamente o conjunto da vida colonial e interfere diretamente com a própria subsistência biológica da população, comprometendo-lhe a saúde e constituição física. O papel secundário a que o sistema econômico do país, absorvido pela grande lavoura, vota a agricultura de subsistência, dá lugar ao problema mais sério, talvez, que a população colonial deve enfrentar, e que vem a ser a insuficiência alimentar. Sobretudo nos grandes centros, como Bahia e Pernambuco em especial, há um verdadeiro estado crônico de carestia e crise alimentar que freqüentemente se tornam em fome declarada e generalizada. Isso ocorre sobretudo nos momentos de alta de preços dos produtos da grande lavoura, quando as atividades e atenções se voltam inteiramente para ela, e as culturas alimentares são ainda mais desleixa-

66 CAIO PRADO JÚNIOR

das que ordinariamente. Situação paradoxal, porque é
a miséria e a fome a ombrearem com a prosperidade
daqueles preços elevados.

Uma situação como essa, de conseqüências tão
catastróficas, acha-se de tal forma enraizada no sistema
geral da colonização, que embora reconhecida e com-
batida pelas autoridades, nunca foi sensivelmente afetada. As leis que procuram obrigar as fazendas e engenhos ao plantio da mandioca (o alimento básico da
colônia) não eram respeitadas. Não havia como dobrar
a vontade dos grandes lavradores e senhores de engenho, e submetê-los a normas, por mais justas e necessárias, que lhes pudessem afetar os interesses comerciais. A oposição frontal e resistência deles se faz sentir
ao longo de toda a história colonial. Um dos grandes
motivos de insatisfação dos senhores de engenho contra
o domínio holandês, e que os leva a combatê-lo, é
precisamente a atenção dada pelas autoridades ao plantio obrigatório da mandioca. Ainda nas vésperas da
Independência, no conhecido inquérito mandado pro-
ceder na Bahia, em 1807, pelo governador Conde da
Ponte,[1] os consultados, pessoas de destaque na administração, agricultura e comércio, vêm todas fulminar
seus raios contra o que poderia afetar os lucros que
direta ou indiretamente auferiam do açúcar. E tão
absurdas achavam as medidas oficiais de fomento da
produção de subsistência, que um deles, o notório senhor do Engenho da Ponte, Manoel Ferreira da Câ-

---

1. Cartas econômico-políticas sobre a agricultura e comércio da
Bahia, pelo desembargador João Rodrigues de Brito. Lisboa, 1821.
Reeditadas pelo governo do Est. da Bahia em 1924.

mara, não hesita em lançar-lhes seu mais formal desafio: "Não planto um só pé de mandioca para não cahir no absurdo de renunciar a melhor cultura do Paiz pela peior que nella ha".

VI

Transparece aí nitidamente o interesse de classe gerado nas circunstâncias peculiares do sistema sócioeconômico da colonização, bem como nas contradições a que ele dá lugar. Era o apelo do lucro comercial que barrava a aplicação de medidas que iam ao encontro das necessidades da massa da população que não participava daquele lucro. Aprofunde-se contudo a análise da questão, indagando por que a cultura da cana seria tão lucrativa e por isso atraente, e a mandioca, pelo contrário, desinteressante e por isso desprezada, embora atendesse a uma necessidade muito mais importante e da grande maioria da população. Resulta isso, diretamente, do próprio sistema em que se organizara a economia colonial e se dispusera a estrutura social erigida sobre aquela base econômica e por ela condicionada. Um sistema, como temos visto, voltado para o fim precípuo de servir o comércio internacional e abastecer amplos mercados externos — o que é aliás o que torna o negócio interessante e o faz florescer e prosperar. Esse sistema, uma vez estabelecido e organizado da melhor forma possível para atender os objetivos visados, fica limitado a eles porque retroage sobre o próprio processo de seu desenvolvimento, tendendo

70 CAIO PRADO JÚNIOR

assim a se consolidar cada vez mais e a se fazer mais exclusivo. Resiste a qualquer diversificação e se restringe unicamente à função para a qual fora criado. O efeito se torna em causa, e contribui assim para reforçar o caráter originário. Como ocorre isso? Muito simplesmente porque a forma de organização adotada pela colonização para realizar o negócio que consistia em produzir com vistas essencialmente ao exterior — forma aliás acertada, como seu sucesso indicaria —, tivera como conseqüência uma sociedade dividida fundamentalmente em duas categorias sociais que se extremam em pólos de um eixo em torno do qual giram toda a vida colonial e suas atividades. De um lado, a pequena minoria de proprietários, dirigentes e usufrutuários, diretos ou indiretos, da produção mercantil que constitui o nervo econômico da colônia. De outro, a grande massa de trabalhadores escravos ou assemelhados que fornecem o esforço necessário à produção. Ou então os deslocados e relegados para atividades de expressão econômica insignificante nessa sociedade centrada e absorvida inteiramente em sua função e grande negócio de produzir gêneros primários ao comércio internacional; e não oferecendo por isso, fora desse negócio, oportunidades apreciáveis. E finalmente os simples desclassificados e marginais, subprodutos de uma sociedade rigidamente estratificada, sem ocupação fixa, oscilando entre a vadiagem e o crime. Nas vésperas da emancipação política da colônia, os observadores contemporâneos são unânimes em assinalar os grandes contingentes dessa categoria da população colonial.

Uma estrutura social como essa não oferece con-

HISTÓRIA E DESENVOLVIMENTO 71

dições favoráveis para servir de base a um mercado que apresente oportunidades comerciais interessantes às atividades produtivas. A demanda efetiva nesse mercado se dividirá em dois setores praticamente exclusivos, ou pelo menos largamente predominantes: de um lado, um consumo de padrão elevado — o da categoria privilegiada da população — que a produção da colônia não está em condições de atender, e que será satisfatória essencialmente pela importação (como, entre outros e especialmente, de gêneros alimentícios e vestimenta de luxo); e que, de qualquer modo, tem expressão quantitativa global muito pequena, porque aquela categoria privilegiada é numericamente insignificante. O outro setor da demanda efetiva é de consumidores que embora constituindo a massa da população, são de nível econômico extremamente baixo, ou se acham fora do comércio, como os escravos. Não apresentam por isso, apesar de seu grande número, uma demanda efetiva global apreciável. E assim o mercado colonial interno e seus diferentes setores se mostram, embora por motivos diferentes, mas coincidentes em seus efeitos de conjunto, muito limitados, e incapazes por isso de oferecer perspectivas apreciáveis à produção.

Verifica-se aí a retroação da superestrutura social sobre a base econômica que a determinara. E estabelece-se com isso um círculo vicioso que tende continuamente a reforçar a situação estabelecida, isto é, o sistema sócio-econômico em que se estruturara a colonização. A organização da produção para o mercado externo determinara uma estrutura incapaz de proporcionar um mercado interno apreciável e estimulante de atividades produtivas de nível elevado e grandes pers-

72 CAIO PRADO JÚNIOR

pectivas. Em sentido contrário, essa ausência de estímulos tende a especializar a produção e circunscrevê-la ao papel que lhe fora originariamente destinado. Em tais condições, a economia brasileira não terá outros horizontes que monotonamente se repetir e evoluir através de sucessivos ciclos estreitamente subordinados à conjuntura do mercado externo para um ou outro gênero primário da produção colonial. Ciclos esses em que uma fase de prosperidade momentânea é seguida e substituída por outra de declínio, decadência e, em casos extremos, até mesmo gradual decomposição econômica e social. Tais ciclos se repetem no tempo e no espaço ao longo de toda a nossa evolução econômica que dentro de tão estreitas perspectivas se desenrola até as vésperas de nossa emancipação política. É somente então que se esboçam novas circunstâncias e situações que permitem à economia brasileira — e com ela a organização da sociedade — ingressar em nova fase e partir para o assentamento das primeiras premissas de sua transformação cujos progressos se arrastam pelo séc. XIX e vão afinal, no século ora em curso, abrir perspectivas para a superação definitiva da velha estrutura sócio-econômica erigida pela colonização e por ela legada ao Brasil nação.

VI

Os impulsos que vão dar novo rumo à evolução histórica brasileira, e em especial à economia do país, ou antes, que abriram as primeiras fendas na estrutura colonial (com os caracteres que anteriormente esboçamos) e prepararam o terreno para novos caminhos, tais impulsos derivam em última instância e fundamentalmente da nova ordem internacional que se vinha configurando no correr da segunda metade do séc. XVIII, e se precisa e consolida no correr do século seguinte. Referimo-nos ao capitalismo industrial, que assinala a complementação do processo de mercantilização dos bens econômicos, e em particular da força de trabalho, cuja inclusão generalizada no rol das mercadorias e caracterização como tal completa aquele processo que assim penetra no mais íntimo da atividade econômica que são as relações de produção. Essa mercantilização generalizada da força de trabalho se faz possível graças sem dúvida à revolução tecnológica (ordinariamente conhecida por "revolução industrial") ocorrida na segunda metade do século XVIII. E a ela se costuma por isso atribuir a gênese do capitalismo moderno. Foi certamente o considerável progresso tecnológico, representado pela mecanização em larga escala da produção econômica, que deslocou as características relações de

74 CAIO PRADO JÚNIOR

produção e o conjunto do sistema então dominante que era o do capitalismo comercial. Encontra-se aí o fator imediato que condicionou a transformação do artesão em assalariado — pois colocou fora de seu alcance este novo e poderoso instrumento de produção que é a máquina — e o deixou unicamente com a sua força de trabalho. E foram as mesmas circunstâncias que paralelamente fizeram do comerciante que antes intervinha na atividade econômica como comprador da produção artesanal, graças ao capital de que dispunha, o proprietário da máquina, o industrial se torna ele próprio empresário da produção. Produção essa que se realizará com a compra que faz da força de trabalho necessária para o manejo da máquina, e que o deslocamento do trabalho artesanal tornara livre e disponível. Mas se a revolução tecnológica faz possível essa profunda modificação das relações de produção e trabalho, é a mesma modificação (que aliás, nos seus primeiros esboços, estimula a revolução tecnológica) que direta e essencialmente assinala o advento da nova ordem capitalista.

No que se refere ao Brasil, o primeiro e grande impacto dessa nova ordem será abalar pela base o sistema em que se incluía o país, como colônia que era da Metrópole Portuguesa. Sistema que assente fundamentalmente no chamado Pacto Colonial, que significava o exclusivismo do comércio das colônias para as respectivas metrópoles. O Pacto Colonial é expressão perfeita do domínio do capital comercial que a nova ordem capitalista encontra pela frente e deve destruir para se desenvolver. O interesse do comércio e de seus manipuladores no Pacto é óbvio, pois o seu fim não é senão reservar para a Metrópole, e portanto seus co-

HISTÓRIA E DESENVOLVIMENTO 75

merciantes, o privilégio das transações comerciais em prejuízo de concorrentes estrangeiros. E por isso o Pacto se mantém enquanto o capital comercial domina. Na nova ordem contudo, a figura central e dominante é o empresário da produção industrial. E o objetivo deste é vender seus produtos, para o que a situação criada pelo Pacto é desfavorável. O monopólio comercial de que não participa diretamente, porque não é comerciante, não lhe traz benefício algum. E, pelo contrário, restringindo as relações mercantis, efeito ordinário de todo monopólio, dificulta o acesso aos mercados, que é tudo quanto o interessa. O monopólio português, no plano internacional, apresentava-se particularmente vulnerável. Isso porque era puramente parasitário, pois o Reino, não se tendo desenvolvido industrialmente, situara-se como simples intermediário entre a colônia, de um lado, e os grandes mercados compradores de gêneros primários e centros internacionais da produção industrial, de outro. Além disso, encabeçava-o uma monarquia decadente e já sem força relativa e expressão no cenário mundial. Não tinha condições, assim, para assegurar e manter aquela posição monopolista e parasitária, contra os poderosos interesses que a nova ordem capitalista projetara para um primeiro plano, e que encontravam na Grã-Bretanha, precisamente a aliada e protetora do Reino português, suas principais bases. De outra parte, o sistema colonial português se achava inteiramente roído de contradições graves que o punham em xeque. De fato, ele operava unicamente em benefício do Reino e com sério prejuízo para a colônia, que se via tolhida em seu desenvolvimento (para não referir aqui outras circuns-

CAIO PRADO JÚNIOR

tâncias sociais e políticas perturbadoras da vida da colônia) pelo fato de ter sua sorte na dependência de uma Metrópole decadente que nada podia oferecer em matéria de novas iniciativas e impulsos, e que, pelo contrário, desviava em seu benefício todos os recursos e as atividades da colônia.

É assim, sob o impacto de contradições externas e internas que atingem seu clímax nos primeiros anos do século passado, que o sistema colonial em que se incluía o Brasil sofre seus primeiros golpes decisivos. Sucumbem desde logo (não nos importando aqui as circunstâncias históricas particulares em que isso ocorreu) o isolamento da colônia e o domínio político e administrativo português, para darem lugar a um novo equilíbrio político e econômico que se exprime essencialmente, de um lado, na organização do Estado nacional brasileiro, integrado na nova ordem internacional do capitalismo; e, doutro, no desencadeamento de um processo que daí por diante comandará a evolução histórica e as transformações ocorridas até mesmo nos dias de hoje. Iniciada a desagregação do sistema colonial pelos fatos assinalados, o mais seguirá em sucessão contínua. Será toda a estrutura que nos vinha de três séculos de formação colonial se abalar e deslocar: depois do monopólio do comércio externo e demais privilégios econômicos e restrições que caracterizam o sistema colonial português, virão os privilégios políticos e sociais, os quadros administrativos e a ordem jurídica da colônia. Mais profundamente ainda, será atingida a própria estrutura tradicional de classes e o regime servil. Finalmente, é o conjunto todo que efetivamente fundamenta e condiciona o resto que entra em

HISTÓRIA E DESENVOLVIMENTO 77

crise. A saber, o sistema básico de um país colonial que, situado marginalmente, gira em órbita estranha, produzindo para exportar, e organizado não para atender a necessidades próprias da coletividade que o habita, e sim precipuamente para servir interesses alheios. É na base das contradições geradas por esse sistema, e que se precipitam por efeito da nova ordem econômica e política em que o país se integra, que resultará a sua progressiva transformação em todos os seus aspectos, de colônia em nação livre e autônoma. O que, no plano econômico que particularmente nos interessa aqui, significa uma organização voltada essencialmente para o atendimento das necessidades próprias da coletividade que a compõe. Será um processo demorado — em nossos dias ainda não se completou — evoluindo com intermitências e através de uma descontínua sucessão de arrancos bruscos, paradas, e mesmo, eventualmente, recuos momentâneos.

É essa a linha evolutiva que caracteriza a história brasileira desde princípios do século passado. Ela oferece um particular interesse para o assunto que centralmente nos ocupa, e que vem a ser a teoria do desenvolvimento. Isso porque esta última fase de nossa história — fase que ainda vivemos, no que provavelmente representa seus últimos momentos — constitui efetivamente a versão ou paralelo brasileiro do "desenvolvimento" considerado pela teoria econômica. Embora não seja esse o critério dos economistas ortodoxos, para quem são sobretudo alguns dos elementos e das derivações do capitalismo industrial (acumulação capitalista, inversões, tecnologia...), bem como a aceleração recente do seu progresso, e não o sistema em conjunto e o próprio de seu dinamismo, que para aqueles economistas assinalam o desenvolvimento moderno, o fato é que esse "desenvolvimento", considerado na teoria, é aquele que se configura já na eclosão do capitalismo industrial no final do séc. XVIII. Momento que representa o ponto de partida da fase histórica característica que nitidamente se individualiza e aparta de outros períodos anteriores de progresso e crescimento econômico verificados na história da humanidade. E que daí por diante, e até hoje, não fez senão modificar-se quantitativamente e não qualitativamente, conservando, sem solução de continuidade, os caracteres essenciais e de conjunto que precisamente singularizam o capitalismo industrial. Caracteres que, em última instância, decorrem direta ou indiretamente, mas sempre em rigorosa continuidade, do fato de tornar a produção, e com ela o conjunto e a totalidade do processo econômico, função do *capital* (isto é, um agregado de valor) e sua circulação. Circulação essa que vem a ser uma sucessiva e cíclica passagem daquele valor-capital através de diferentes formas que progressivamente ele assume, com o retorno, depois de cada ciclo, à sua forma inicial. Ou seja, como segue: MOEDA → FORÇAS DE PRODUÇÃO (bens de produção, força de trabalho, matérias-primas . . .) → PRODUTO ACABADO (mercadoria) → MOEDA → . . .

É esse processo produtivo que essencialmente caracteriza a dinâmica do capitalismo industrial, e com ela, por força das implicações aí contidas, o conjunto da ordem instituída por esse capitalismo. E é daí que derivam, imediata ou mediatamente, todos os fatos e as circunstâncias que fazem ou fizeram do capitalismo

HISTÓRIA E DESENVOLVIMENTO   79

o poderoso fator que ele foi, de crescimento econômico, progresso tecnológico e desenvolvimento que marcam e acompanham a sua evolução e o desenrolar da história contemporânea.

No que respeita o Brasil, que se integra na nova ordem internacional do capitalismo, como vimos, em decorrência de sua separação da antiga Metrópole e libertação do monopólio comercial por ela imposto, o processo de desenvolvimento moderno cujas premissas então se estabelecem, será sobretudo induzido e condicionado essencialmente por circunstâncias gerais exógenas. Isso decorre do fato de o Brasil entrar para a história contemporânea, e passar a participante da nova ordem instituída pelo capitalismo industrial, na condição, que já era a sua, de uma área periférica e simples apêndice exterior e marginal dos centros nevrálgicos e propulsores da economia internacional. Era essa a posição do Brasil no antigo sistema comercial que antecedera a nova ordem, e de que esta última brotara. O Brasil conservará, na nova ordem, a mesma posição relativa. Mas haverá uma grande diferença, porque a antiga colônia, engastada no estreito e rígido sistema monopolista da Metrópole portuguesa, entra agora a participar plenamente de um novo sistema de amplos horizontes. E é desse sistema e de um mundo bem distinto do anterior e em plena efervescência de progresso, impelido pelo capitalismo industrial, que receberá agora os impulsos, as iniciativas e os estímulos econômicos e culturais.

Assim, embora fundamentalmente o Brasil permaneça na sua posição periférica de simples fornecedor de gêneros primários ao mercado internacional, ele irá

80 CAIO PRADO JÚNIOR

exercer essa função em condições e circunstâncias bem distintas. Já não se trata mais, portanto, de um simples prolongamento e continuação do passado, e sim de uma fase nova em que um mesmo mecanismo, embora em si idêntico ao do passado, se desenrola agora sob o impulso e comando do desenvolvimento capitalista verificado nos centros do sistema internacional em que o país se enquadrara. O que lhe vai abrir novas perspectivas. A evolução histórica brasileira deixará de ser, como sempre fora no passado, tão-somente a repetição monótona de ciclos econômicos sucessivos e essencialmente invariáveis, determinados por ocasionais conjunturas do mercado internacional e sem margem alguma para diversificação. Os novos ciclos que se abrem ou que, já vindos do passado, se prolongam pelo novo período, já terão um novo caráter. Tenderão pelo menos para isso. Sobretudo o principal deles, o da cultura e produção do café que consideraremos adiante em particular, e que por sua excepcional importância se singulariza e será de fato o motor principal e fundamental da economia brasileira. E terá sobre ela, e mesmo sobre o conjunto da vida brasileira, um excepcional impacto.

O que de original se introduz na evolução econômica brasileira, graças sobretudo ao novo condicionamento internacional em que ela se verifica, é a tendência para a sua transformação qualitativa. O considerável crescimento e modificação quantitativa que as novas circunstâncias vigentes propiciam ao embora antigo e profundamente implantado mecanismo econômico do país — que é a sua função exportadora — levarão gradualmente à sua transformação qualitativa que re-

HISTÓRIA E DESENVOLVIMENTO 81

presentará a libertação daquele exclusivismo exportador. No curso contudo desse processo, aqueles mesmos fatores derivados do enquadramento na nova ordem internacional do capitalismo que tinham proporcionado o crescimento econômico do país e o impulso inicial para a sua transformação qualitativa, aqueles fatores invertem a sua ação. De impulso ao crescimento e desenvolvimento aquela ordem se faz em obstáculo ao mesmo crescimento e desenvolvimento. E serão as contradições derivadas desse estado de coisas que promoverão, embora em novas circunstâncias e outro plano, a continuidade do processo evolutivo econômico-político a que estamos presentemente assistindo e que veremos com mais vagar nas conclusões do presente trabalho.

É todo esse conjunto que constituirá o que legitimamente podemos considerar a versão ou paralelo brasileiro do moderno desenvolvimento, cuja especificidade em nosso caso dará ao processo um caráter bem distinto daquele que se observa em outros lugares, e particularmente naqueles que comandam o sistema internacional do capitalismo. Isto é, as economias dos grandes países industriais da atualidade, que são as ordinariamente consideradas e inadequadamente adotadas pela teoria ortodoxa do desenvolvimento como modelo universal e invariável. Mas diferente, embora, e por profundamente que o seja, deverá por isso mesmo ser considerado na teoria geral do desenvolvimento. Sobretudo quando se trata de fundar nos dados e conclusões dessa teoria as diretrizes de uma política de desenvolvimento para o futuro dos países subdesenvolvidos, e do nosso em particular.

VII

O que vimos no capítulo anterior é, em suma, que a economia colonial brasileira, caracterizada essencialmente pela produção para a exportação de gêneros primários demandados nos mercados internacionais, e organizada inteiramente nesta base — como também a estrutura social que sobre ela se ergue e é por ela condicionada — não sofreu desde logo, com a separação da antiga Metrópole e a extinção do monopólio comercial, modificação substancial. O Brasil continuará, nesse sentido, como era dantes. Mas o que se modifica, e profundamente, é a ordem internacional em que o país e a sua economia se enquadram. Essa ordem é agora a do capitalismo industrial, ou capitalismo propriamente, que é acompanhado, ou antes se dispõe dentro de um sistema de nível econômico muito mais elevado, dotado de forças produtivas consideravelmente mais poderosas, e dinamizado por intensa atividade sem paralelo no passado. Essas circunstâncias de que a economia brasileira passa a participar, embora não lhe sejam próprias e alcancem o país unicamente por via de indução, vão conferir-lhe, apesar disso, uma situação bem diversa da anterior. E os mesmos elementos de sua organização e estrutura, embora fundamen-

84 CAIO PRADO JÚNIOR

talmente idênticos, adquirem novo sentido e expressão. Em particular, a função exportadora, que se encontra na base da economia brasileira e que essencialmente a caracteriza, ganha outras dimensões. Tanto na produção, que é a sua origem, como no seu destino e finalidade, que são os mercados internacionais, e assim igualmente nos elementos e setores subsidiários e complementares que a acompanham e amparam, a função exportadora adquire nova feição bem diversa dos modestos padrões do passado. Na nova ordem instituída pelo capitalismo, as áreas periféricas do sistema, onde se situa o Brasil, tornam-se elementos vitais para ela. Cabe-lhes o papel relevante e insubstituível que vem a ser o abastecimento de grande parte das matérias-primas necessárias à indústria que constitui o motor central do sistema, bem como, em maior proporção ainda, dos gêneros alimentícios necessários à subsistência dos grandes contingentes demográficos que a industrialização concentrara nos centros urbanos. Acresce a elevação dos padrões de vida e diversificação do consumo nos países industrializados. Tudo concorre assim para largamente ampliar o mercado internacional de gêneros primários, o que abre grandes perspectivas aos países que, como o Brasil, os produzem ou podem produzir.

Ao mesmo tempo que assim se expande a demanda de produtos primários, oferecendo novas e crescentes oportunidades a produtores como o Brasil, o sistema lhes proporcionará as condições e os meios necessários para delas se prevalecerem. A saber, a tecnologia, o aparelhamento comercial e financeiro sem o que essa larga ampliação da produção e seu encaminhamento aos mercados consumidores e distribuição por

HISTÓRIA E DESENVOLVIMENTO 85

eles não se poderia realizar. São recursos tecnológicos e financeiros, a iniciativa, os estímulos e habilitação comercial engendrados pelo capitalismo e por ele postos à disposição da economia brasileira, o que faz possível ao país estender e intensificar a sua produção, organizar o comércio, instalar o aparelhamento necessário à mobilização e transporte de seus produtos: estradas de ferro, instalações portuárias, navegação marítima. É graças a essas circunstâncias que a economia brasileira, adstrita embora, tanto como no passado, à simples função exportadora, logra ultrapassar suas mesquinhas perspectivas anteriores, limitadas aos acanhados horizontes do sistema colonial português, e ascender a novo plano. As novas dimensões adquiridas pela função exportadora, proporcionadas pelas largas oportunidades e possibilidades oferecidas na nova ordem internacional do capitalismo em que o Brasil se integrara, representam não somente para essa função, de projeção tão restrita no passado, um forte progresso quantitativo, mas ainda, por força das repercussões diretas e indiretas desse progresso, desencadeiam um processo de desenvolvimento que se reflete no conjunto da vida econômica e social do país. O ritmo de crescimento econômico do Império e as modificações verificadas na vida institucional brasileira no correr desse período, contrastam vivamente com o relativo imobilismo e invariança observados na evolução anterior. Esse processo de crescimento e transformação se prolongará, com intensidade cada vez mais acentuada, na continuação desse período, politicamente assinalada pela instituição da República, quando então se afirmam nitidamente as premissas do desenlace final do

86 CAIO PRADO JÚNIOR

mesmo processo e que será a transformação radical da economia brasileira e o seu ingresso em nova situação, efetivamente liberta da tradição colonial.

A instância máxima em que se verificam as novas dimensões adquiridas pela função exportadora e o papel que isso terá sobre a dinâmica da evolução econômica do Brasil será o caso, entre todos os demais tão preeminente, do café. Aliás não só instância máxima, e sim, pode-se dizer, circunstância singular em que o papel de simples fornecimento do mercado internacional de um gênero primário se fará, pela expressão quantitativa que alcança e repercussões diretas e indiretas que provoca, em alavanca e propulsora de alterações tais da economia brasileira, que por si somente já bastaria para propor as premissas da sua radical transformação. A produção e comercialização do café, bem como as atividades e fatos do maior relevo que elas determinam, têm na evolução econômica brasileira — e podemos acrescentar, na evolução social e até mesmo política —, um papel ímpar. Para certificar-se disso numa observação de conjunto e de fácil compreensão, é suficiente notar como se diferenciam as regiões brasileiras em função da economia cafeeira, levando rapidamente o seu principal centro, que é São Paulo, e que em meados do século passado era ainda uma província de segunda ordem, para a excepcional e verdadeiramente única e incontrastada posição que ocupa no conjunto do país já em fins do século. Posição essa que não perderia mais, e que se foi mesmo acentuando, graças ao impulso adquirido que a economia do café lhe proporcionara.

HISTÓRIA E DESENVOLVIMENTO 87

Desde meados do século passado o café se faz gênero de considerável e crescente demanda nos grandes mercados internacionais — em especial nos Estados Unidos, precisamente o mercado que se estava projetando como de maior expressão mundial; circunstância essa que teria particular importância na brilhante conjuntura que se apresentaria ao café. E embora produzido com relativo vulto desde longa data — já no séc. XVIII — em regiões largamente disseminadas na zona tropical, e originário de região geográfica bem distante e diversa do Brasil, o café encontrou aqui condições excepcionais de prosperidade que deixaram os concorrentes muito longe.

O concurso dessas circunstâncias oferece ao Brasil uma oportunidade realmente excepcional e sem paralelo em nossa história, o que fez com que na produção e exportação do café se concentrassem, em grandes proporções, esforços e recursos. O café será de longe o principal foco das atenções do país — e também internacionalmente, no que respeita o Brasil — desde o último quartel do século passado. E assim estimuladas as forças econômicas, pode-se dizer que brilhantemente se aproveitaram da oportunidade oferecida, realizando o que, na concisa expressão de Roberto Simonsen, "constitui um dos maiores cometimentos agrícolas de todos os tempos, honrando um povo e uma nação".[1]

Não há contudo que subestimar a participação, no grande sucesso do empreendimento, das circunstâncias

---

1. Roberto C. Simonsen. *A Evolução Industrial do Brasil.* São Paulo, setembro, 1939, p. 16.

da época e a situação que se criara para o Brasil por efeito da extinção do monopólio comercial e do isolamento político em que o país se mantivera até a independência. Os recursos naturais do país e a conjuntura altamente favorável que se apresentara para o café nos mercados internacionais nunca assegurariam, por si sós, aquele sucesso. A lavoura cafeeira se instala primeiramente no vale do Paraíba, na sua seção que a partir da altura do Rio de Janeiro — a capital do país, donde parte o impulso — se estende até acima de Taubaté. Afora as condições naturais aí encontradas, o que sobretudo favorece essa localização é a relativa facilidade do transporte do produto, isto é, o alcance próximo dos portos litorâneos de embarque: além do Rio de Janeiro, Angra dos Reis, Parati, Ubatuba, Caraguatatuba, São Sebastião. Proximidade que se impunha em face do rudimentar sistema de transporte terrestre então utilizado e único possível: o lombo de burro. Tivessem tais condições prevalecido, e o Brasil evidentemente nunca atingiria nada que mesmo longinquamente se assemelhasse à culminância a que chegou como produtor de café. Faltar-lhe-ia a primeira condição para isso, que vinha a ser o espaço geográfico necessário, e que a montanhosa região da bacia do Paraíba, engastada na Mantiqueira e Serra do Mar, com seus vales apertados entre elevações abruptas e terrenos desunidos, não podia oferecer.

O grande cenário geográfico das lavouras cafeeiras não será esse, e sim os largos espaços do planalto paulista, situados mais para o interior e afastados do litoral, e que além de sua favorável topografia, apresentariam solos da mais alta qualidade, em particular

HISTÓRIA E DESENVOLVIMENTO 89

a famosa *terra roxa*. O que permitirá acesso a essas regiões e o estabelecimento nelas de lavouras rentáveis e a custos sem paralelo em qualquer outro lugar (que foi o que assegurou o quase monopólio brasileiro, mais especificamente paulista), serão as estradas de ferro. A expansão cafeeira que marcará em todo centro-sul do país, particularmente em São Paulo, o avanço e instalação do povoamento, essa expansão se ligará de tal forma ao traçado das ferrovias (ou antes o inverso, pois são as ferrovias que acompanham a expansão), que as diferentes zonas em que se dividirá a Província serão batizadas com o nome das linhas de estradas de ferro que as percorrem, nomes que conservarão até hoje: *Paulista, Mogiana, Alta Paulista, Sorocabana, Noroeste*, etc. Fato este talvez único em toda a toponímia universal.

Na instalação das ferrovias que servem as lavouras cafeeiras, a participação da iniciativa, tecnologia e capital estrangeiros são de grande importância. O que assinala o concurso, a que nos referimos acima, que o fato da integração do país no sistema capitalista internacional representaria para o fomento da economia brasileira. Uma das principais linhas, que percorre a primeira grande zona produtora de café do planalto paulista, a Companhia Paulista de Vias Férreas e Fluviais, hoje Companhia Paulista de Estrada de Ferro,[2] é de iniciativa e capital locais, precisamente de um

---

2. O acréscimo da qualificação "fluviais", depois suprimida, foi infelizmente pouco mais que uma intenção, pois as "vias fluviais" empregadas não foram outras que um pequeno trecho do rio Mogi Guaçú (da atual cidade de Porto Ferreira, que daí tirou seu nome, até a confluência do rio Pardo), abandonado em princípios do século.

90 CAIO PRADO JÚNIOR

grupo de fazendeiros de Campinas, centro geográfico daquela zona. Mas contará com financiamento e assistência técnica ingleses. A outra linha de especial importância, pois dá acesso ao litoral, ligando Santos a Jundiaí, que é a "porta" do planalto cafeicultor, é a São Paulo Railway, de iniciativa de Mauá, que conta com os banqueiros ingleses seus associados para levar adiante o empreendimento. A S.P.R. será aliás propriedade inglesa até depois da Segunda Guerra Mundial. As demais ferrovias — salvo a D. Pedro II, depois Central do Brasil, que é do Governo Imperial — são de iniciativa e capital estrangeiros. O condicionamento externo da economia brasileira também contribui para o grande vulto atingido pela produção cafeeira, e aí decisivamente, através das facilidades comerciais que lhe proporciona. Já não falemos da distribuição do produto pelos mercados consumidores, inteiramente fora do alcance das possibilidades brasileiras. A exportação também caberá a firmas estrangeiras, graças aos contatos internacionais de que as nacionais ainda não dispunham. No que se refere ao financiamento do negócio, também a participação do capital estrangeiro é apreciável. Já nestes últimos setores, contudo, a comercialização e o financiamento da economia cafeeira, sobretudo em suas primeiras fases, o papel da iniciativa e dos empreendimentos de brasileiros é considerável, e mesmo, logo de início, decisiva e quase única. No que se refere às inversões para instalação das lavouras de café (assunto ainda pouco pesquisado e mais conhecido ainda por simples tradição oral e de família) parece fora de dúvida que foi o capital local que realizou a maior parte e quase toda a tarefa. Isso

HISTÓRIA E DESENVOLVIMENTO

é bastante seguro no que se refere às lavouras do vale do Paraíba. Relativamente ao planalto paulista, também predominam os recursos de capitalistas locais. Há notícias, no entanto, de financiamentos de bancos europeus, ingleses e franceses. Quando não diretamente aos fazendeiros, indiretamente através do financiamento realizado pelos *comissários* que são os agentes comerciais intermediários entre produtores e exportadores. Nesse setor da comercialização, salvo o caso já referido de sua última etapa no país, que é a exportação, a iniciativa é via de regra nacional, embora aí a participação direta ou indireta de fontes estrangeiras de financiamento seja importante. E no que respeita o principal, que é a instalação das culturas (as fazendas de café), isto é, pode-se dizer, genuína e integralmente brasileiro, não só no referente ao capital necessário, que é, em regra, como se referiu, de origem nacional, mas também no que respeita o empreendimento propriamente: a iniciativa, a direção técnica, o manejamento. As empresas cafeeiras de estrangeiros são praticamente inexistentes. As raríssimas exceções de que se têm notícias são aliás de época posterior aos primeiros tempos e já bem chegada a nós, talvez princípios do século.

Essas circunstâncias em que se constitui a economia do café no Brasil são muito importantes de notar, porque assinalam certos traços distintivos que nos singularizam (se bem que não sejamos os únicos no caso) entre a maior parte dos países que formam o mundo periférico do sistema internacional do capitalismo estabelecido no correr do século passado. Distinguimo-nos em especial das colônias, semicolônias e países depen-

92 CAIO PRADO JÚNIOR

dentes da Ásia e África que também se integram naquele sistema para nele figurarem, à semelhança, nisso, do Brasil, como fornecedores internacionais de gêneros primários. Mas o que destaca o Brasil, e outros que com ele nisso se assemelham, é que entre nós a intervenção por assim dizer "empresarial" de nacionais na produção dos gêneros exportáveis de nossa especialidade, bem como nas atividades complementares, constitui elemento de primeiro plano que se emparelha com o concurso e condicionamento externo, para configurar, em conjunto com essa participação externa, um tipo especial de economia bem caracterizada no conjunto desse mundo periférico do sistema internacional do capitalismo. Há como uma associação, ou melhor, integração em conjunto, onde ambas as partes intimamente se engrenam uma na outra, funcionando como um todo coerente. E não se dá, como ocorre naqueles países referidos da Ásia e África, uma estratificação em que as partes constituintes se acham bem separadas e conservam cada qual sua inteira individualidade.

Essa resultante característica da integração da economia brasileira no sistema internacional do capitalismo se deve essencialmente ao fato que já vimos assinalando ao longo de todo este trabalho, de o Brasil se achar incluído já antes de sua integração no moderno sistema internacional do capitalismo industrial, e isso por força de sua própria formação, dentro de um sistema semelhante (no que respeita o Brasil) àquele que o sucedeu, e que vem a ser o do capitalismo comercial. O Brasil já formava então uma economia caracterizada essencial e fundamentalmente pela sua função exportadora de gêneros primários produzidos especial-

HISTÓRIA E DESENVOLVIMENTO

mente com tal finalidade. O país se constituíra especificamente para atender a esse objetivo, e a ele se reduzia o essencial e substancial de suas atividades. Isso o predisporia para idêntica função na nova ordem. E assim era não somente no que respeita a sua organização econômica, mas também a estrutura social determinada por essa organização. A saber, uma disposição de classes fundamentalmente assente em dois extremos e pólos opostos: de um lado, proprietários e empresários da colonização e negócio que consistia em produzir e fornecer gêneros primários ao comércio internacional. De outro lado, trabalhadores sem outro estatuto e perspectiva que contribuírem com sua força de trabalho para a realização do mesmo negócio.

Tratava-se em suma, no caso do Brasil, de uma economia e sociedade já estruturadas e inteiramente condicionadas para a realização de objetivos mercantis idênticos àqueles que a nova ordem capitalista iria delas exigir. Daí a sua predisposição para se integrarem naquela ordem sem atritos e sem necessidade de rompimentos ou remanejamento de instituições econômicas e sociais mais ou menos inajustáveis à nova ordem, como ocorreu naqueles citados países da Ásia e África. Naqueles continentes, velhas culturas e instituições originais formadas e consolidadas inteiramente à parte e independentemente do capitalismo e da civilização e cultura onde o capitalismo se originou, apresentaram por isso mesmo sérios obstáculos e pois grande resistência à penetração do novo sistema. Isso, pelos motivos apontados, não ocorreu nem havia motivo para que ocorresse no Brasil. Aqui não somente não houve resistência, mas ainda os impulsos e estímulos partidos de ambas as esferas, a externa, que é o sistema, e a interna que são as condições específicas do Brasil, se somam harmonicamente, ou antes, se integram em conjunto para impelirem o crescimento da função exportadora, em conseqüência as forças produtivas e a economia em geral do país assentes naquela função. Desse crescimento brotarão mais tarde novas contradições que em fase subseqüente vão impelir o processo de desenvolvimento brasileiro noutro sentido. É o que veremos, e que nitidamente se destaca no caso do café. Mas não é somente o progresso da economia cafeeira que leva adiante o processo. Outros gêneros também contribuem para alimentar a função exportadora que lastreia a economia brasileira e essencialmente condiciona seu desenvolvimento. Alguns desses gêneros já vinham de fase anterior, em especial, naturalmente, o açúcar de cana, que embora perdendo progressivamente terreno nos mercados internacionais em face dos concorrentes de outros países — aos quais se vieram acrescentar os produtores de açúcar de beterraba, que no último quartel do século supera o açúcar de cana — ainda participará apreciavelmente da pauta de exportação brasileira até pelo menos o último quartel do século. Assim também o algodão, que terá mesmo significativo surto de progresso quando a Guerra de Secessão nos Estados Unidos desorganiza a produção dos então maiores fornecedores internacionais que eram os estados sulinos daquele país. O mesmo ocorre com o cacau, cujo mercado internacional se expandirá consideravelmente na segunda metade do século graças à difusão do consumo do chocolate. O Brasil se torna o principal fornecedor desse mercado, posição que so-

HISTÓRIA E DESENVOLVIMENTO   95

mente perderá nos primeiros anos do século atual. E
para atender a essa demanda, o cacau, antes extraído
na floresta amazônica, de onde é nativo, será cultivado
no sul da Bahia (Ilhéus).

A par desses e de alguns outros produtos tradicionais, novos gêneros virão acrescentar-se às exportações
brasileiras no correr do século, como em especial a
borracha, cujo êxito, que chegará a ombrear um momento com o próprio café, se estenderá até o segundo
decênio do século atual, quando bruscamente declina
e submerge na maior das catástrofes verificadas na
história econômica brasileira, e que lhe inflige a concorrência da borracha oriental.[3]

Restringimo-nos contudo aqui à consideração mais
pormenorizada do café, que pelo seu considerável valor
comercial, tanto relativo aos demais produtos brasileiros como também absoluto em termos internacionais,
bem como pela continuidade, sem interrupção de significação decisiva, de seu progresso, é que realmente dá
o tom geral da economia brasileira e de seu desenvolvimento no correr de toda essa fase que estamos considerando e que se estende até pelo menos a grande crise
de 1929. A expansão cafeeira, por força das excepcionais e efetivamente notáveis circunstâncias conjunturais que a condicionam e a que acima nos referimos,
constituirá um processo auto-estimulante e cumulativo,
o que explica o seu grande ímpeto. É certo que ela

---

3. Para a análise da participação relativa na exportação brasileira
de seus diferentes itens, ver Hélio Schlittler Silva, *Tendências e características gerais do comércio exterior no século XIX*. Revista de História
da Economia Brasileira, N.° 1, junho de 1953.

96 CAIO PRADO JÚNIOR

também sofre, como toda produção capitalista, de um caráter cíclico, e se interrompe sucessivas vezes por crises de superprodução. Mas é somente a última delas, que coincide e é precipitada pelo grande *crack* da Bolsa de Nova York, de outubro de 1929, que interrompe definitivamente a expansão. Até aí, ela prossegue em ritmo acelerado, recuperando-se rapidamente das dificuldades e crises que a assaltam. E mesmo depois de 1930, e até hoje, o café continua representando o fundamento básico em que assenta a vitalidade da economia brasileira. Essa marcha da produção cafeeira se explica direta e imediatamente pela sua alta rentabilidade. Rentabilidade essa que além de provocar a concentração nela da maior e melhor parte dos recursos e esforços do país — o que contribuiu para desviá-los de outros empreendimentos, e assegurar assim ainda mais a primazia cafeeira —, proporcionou uma forte acumulação de capital que em boa parte se invertia na expansão das lavouras e atividades complementares. Renovava-se e se ampliava com isso o negócio que assim auto-impulsionado progrediria a passos de gigante, carreando para o Brasil uma riqueza que faria o país, ou pelo menos algumas de suas regiões, conhecerem pela primeira vez o que fosse real prosperidade, riqueza e bem-estar material. Trata-se, é certo, de uma riqueza bastante concentrada. Mas nas camadas sociais em que essa concentração se verifica, o Brasil deixará pouco a desejar aos grandes centros internacionais da época. Os grandes fazendeiros de café e demais que participam das altas esferas do negócio serão homens de fortuna avultada, cujo trem de vida os emparelha às classes abonadas, já não diremos dos Estados Unidos —

HISTÓRIA E DESENVOLVIMENTO 97

estamos na época, último quartel do séc. XIX e até a I Grande Guerra, dos multimilionários norte-americanos, com toda a sua suntuosidade e extravagância de novos ricos a quererem embasbacar seus primos camponeses e trabalhadores europeus —, mas certamente da Europa.

Essa concentração da fortuna não impediu contudo que os efeitos da riqueza produzida pelo café se irradiassem e difundissem, embora amortecidos — mas assim mesmo bastante significativos, sobretudo quando confrontados com os níveis de épocas anteriores —, por outros setores da vida brasileira. Isto particularmente em conseqüência do fato que o enriquecimento direta ou indiretamente proporcionado pela produção e exportação do café determina, nos principais centros do negócio, e em São Paulo em particular, uma ampliação geral da demanda e do consumo de bens econômicos, e pois um crescente mercado local que abre oportunidades para outros negócios e atividades. Em suma, uma larga intensificação da vida econômica de que entre outros o crescimento da cidade de São Paulo e sua grande vitalidade já desde os últimos anos do século passado, coisa sem precedentes ainda no Brasil, são um sintoma bem marcante.

Mas não são somente São Paulo e outras regiões produtoras de café que se beneficiam da riqueza carreada e acumulada pelo produto. A generalidade do país se beneficiará dela indiretamente. Assim o Nordeste, por exemplo, encontrará em São Paulo escoamento, entre outros, para seu açúcar, ao qual se fechavam progressivamente os mercados externos. O mesmo se dá com o algodão. E os estados do extremo

98 CAIO PRADO JÚNIOR

sul que nunca tinham contado com um produto exportável de grande expressão, e que por isso sempre figuraram no conjunto brasileiro em apagado plano, encontrarão uma sólida base e estímulo para seu crescimento econômico no mercado oferecido por São Paulo para seus produtos agropecuários. E mais tarde também para as suas manufaturas.

Outra via pela qual a riqueza cafeeira se disseminaria de São Paulo para o resto do país, seria a via fiscal, isto é, através das finanças do governo imperial, e em seguida as federais, cuja arrecadação, realizada na maior parte em São Paulo, se distribui, também na maior parte, pelo Brasil afora, com a realização de obras públicas e o pagamento de desproporcionado funcionalismo federal que se espalha pelo território nacional levando-lhe recursos financeiros que de outra forma não teria onde buscar. Em boa parte do país, as verbas federais cuja fonte, em última instância, se encontra quase sempre no café, constituiriam, como ainda constituem, embora em menores proporções, um dos principais, e mesmo freqüentemente o principal recurso financeiro local.

A economia cafeeira se fará também em estímulo para a indústria manufatureira. É verdade que a produção do café não apresenta diretamente um poder germinativo apreciável. Já o notara Roberto Simonsen[4] quando afirma que o cafeeiro é uma planta de caráter permanente, que dispensa portanto instrumentos aratórios; e que o benefício e tratamento do produto se faz em máquinas não só relativamente simples,

---

4. *A Evolução Industrial do Brasil*, op. cit., pp. 15/17.

HISTÓRIA E DESENVOLVIMENTO 99

mas em cuja composição entra mais madeira que metal, não constituindo por isso estímulo apreciável para a produção metalúrgica e mecânica, que foram em toda parte os grandes incentivos básicos da industrialização. Doutro lado, contudo, a produção do café impulsionou a fabricação daquelas máquinas de benefício e tratamento, que atingiu bastante importância. Também deu lugar à nossa primeira grande indústria têxtil moderna, a da fiação e tecelagem da juta empregada na sacaria em que o café é acondicionado para a exportação.

Onde contudo a economia cafeeira tem papel decisivo no fomento da indústria manufatureira, é no fato de lhe proporcionar em boa parte alguns dos elementos essenciais e condições indispensáveis para a sua implantação e crescimento. Não somente o mercado consumidor de seus produtos, que se constitui sobretudo na base da riqueza que a economia cafeeira direta ou indiretamente proporciona, mas ainda o capital que se acumula na produção do café e se inverte na indústria; bem como, finalmente, o espírito empresarial (que é o apelo do lucro e a habilidade em localizar-lhe as eventuais fontes mais fecundas), que aguçado e apurado na empreitada do café, vai desaguar na indústria. A melhor comprovação, em conjunto, do papel da economia cafeeira no processo da industrialização brasileira, está no fato, tão patente e claro, de que é em São Paulo que esse processo toma impulso e efetivamente se desenvolve, embora São Paulo, até o advento da República, estivesse atrás, em matéria de indústria, de outras províncias, em particular das do Nordeste e mesmo o Maranhão que se tinham adiantado graças à produção local relativamente grande do algodão, ma-

100 CAIO PRADO JÚNIOR

téria-prima do ramo industrial que primeiramente encontrou clima favorável no Brasil para dar lugar a uma indústria expressiva: a fiação e tecelagem dessa fibra.

De todas as conseqüências diretas ou indiretas (mas em sucessão imediata) derivadas do considerável e tão rápido progresso da economia cafeeira verificado no Brasil, a mais importante e de efeitos mais amplos e profundos na vida do país, foi sem dúvida o papel que teve na abolição do trabalho servil e na instituição generalizada do trabalho livre, bem como neste outro fato tão intimamente associado à abolição e que vem a ser a afluência maciça de imigrantes europeus já desde meados, mas sobretudo a partir do último quartel do século passado. Aquele papel foi decisivo, e procuraremos em seguida sumariar as circunstâncias específicas em que ele se verificou.

Efetivamente, é a demanda de mão-de-obra necessitada pela extensão das lavouras de café e aumento da produção que fez buscar o suprimento dela na imigração européia. Lembre-se de que o café, depois de se transferir para o planalto paulista, e sobretudo quando se internou para o norte na direção do vale do rio Mogi-Guaçu, e para oeste do atual traçado da linha tronco da Companhia Paulista de Estradas de Ferro, se instalou em plena floresta virgem e em áreas quase ou totalmente desertas — salvo uma rala população indígena que foi recuando e fugindo em frente do avanço da ocupação, não tendo assim participação alguma no empreendimento, com a exceção de sua eventual e muito débil hostilidade. A mão-de-obra tinha assim de ser toda ela trazida de fora.

HISTÓRIA E DESENVOLVIMENTO 101

Seriam naturalmente escravos. Mas também aí a situação não se apresentava nada favorável. Com a cessação do tráfico africano em 1850, o número de escravos vinha em declínio, uma vez que nas condições em que viviam, o seu crescimento vegetativo era negativo. Assim sendo, a demanda de mão-de-obra da lavoura de café suscitaria sérios problemas. Não somente a forte alta de preço dos escravos, o que desequilibrou as finanças de todas as demais atividades, como o dreno a que sujeitou as demais regiões do país, em particular as do Nordeste, cuja decadente economia açucareira não podia suportar a concorrência paulista e se viu progressivamente privada de trabalhadores.

Mesmo assim, a demanda da lavoura cafeeira não se achava satisfeita. A exigência de braços que impunha o seu rápido e intensivo crescimento não tinha limites. Era preciso uma solução mais ampla e radical. Ela será procurada na imigração européia — depois de uma abortada tentativa de trazer *coolies* asiáticos que não foi por diante devido à oposição da Grã-Bretanha. A imigração européia não foi assim entre nós fato espontâneo e natural, como aquela que na mesma época se verificou nos Estados Unidos. Aqui ela foi provocada, estimulada, planificada e deliberadamente promovida. E até mesmo, em boa parte, subvencionada, pagando-se a passagem e demais despesas dos imigrantes desde seu lugar de origem, embora fosse nalguma perdida aldeia dos Apeninos, até as fazendas.

A imigração européia traria outros problemas. Verificou-se logo a incompatibilidade do trabalho em conjunto de imigrantes livres e trabalhadores escravos. Tanto mais que a presença da escravidão comprome-

102 CAIO PRADO JÚNIOR

tia as correntes imigratórias, tão necessárias para o progresso do verdadeiramente único setor dinâmico da economia brasileira na época. Esse conjunto de circunstâncias concorre poderosamente, e pode-se mesmo dizer que decisivamente, para a abolição da escravidão. Verifica-se por aí como estão ligados esses fatos máximos da história brasileira do século passado, que são a libertação jurídica do trabalhador e a imigração européia, ambos relacionados intimamente com a expansão cafeeira.

Para o que mais nos interessa aqui imediatamente, a abolição e a imigração têm uma conseqüência de ordem econômica da maior importância e de considerável impacto que vem a ser o impulso que trazem para a ampliação do consumo de bens econômicos e crescimento do mercado interno. A abolição, porque transformando escravos em livres vendedores de força de trabalho, e portanto detentores de dinheiro, gera 700 e tantos mil novos compradores — numa população total do país que andava em torno de 10 milhões. A imigração, por sua vez, porque é de europeus, que embora originários sobretudo de regiões relativamente pobres e de baixo nível econômico, introduzem no Brasil padrões de comportamento e de consumo de ordem consideravelmente superior à presente na massa popular e trabalhadora do país. Os imigrantes e talvez ainda mais o seu exemplo, determinam por isso uma pronunciada elevação das aspirações e exigências populares, primeiro e decisivo passo para a conquista de melhores condições de vida, e pois um consumo ampliado. O efeito disso não demorará em se fazer sentir, e entre as regiões brasileiras que receberam ou não contingen-

HISTÓRIA E DESENVOLVIMENTO 103

tes apreciáveis de imigrantes europeus, logo se verificará um acentuado contraste nos padrões respectivos de vida. As conseqüências da abolição e da imigração, no que respeita o mercado interno, somam-se assim às circunstâncias já acima assinaladas na mesma época, para proporcionarem a esse mercado um acentuado crescimento. Esse rápido apanhado que fizemos do impacto produzido pela situação criada no país em conseqüência da nova ordem introduzida com a libertação da antiga colônia, e em especial e diretamente pela considerável amplitude da produção e exportação do café, teve por objetivo unicamente assinalar o crescimento desde então verificado na economia brasileira. Embora resultante e expressão da mesma função exportadora em que assenta e de que essencialmente se constitui a economia brasileira desde os primórdios da colonização, esse crescimento atinge tais proporções e em conseqüência disso determina tais modificações, que acaba por comprometer a própria estabilidade e permanência daquela economia fundada na exportação. A análise das circunstâncias específicas que caracterizam esse comprometimento será o objeto do próximo capítulo.

VIII

O crescimento da economia brasileira, como função da exportação de produtos primários, mantém seu ritmo, embora entrecortado de oscilações e crises mais ou menos violentas, até a grande crise mundial desencadeada pelo *crack* da Bolsa de Nova York em outubro de 1929, quando a brusca queda de preços dos gêneros primários no mercado internacional, e os do café em particular, inaugura um decênio de acentuado retrocesso, e abre uma nova fase da evolução econômica do país. Mas até aquele momento, o crescimento se manteve. Às exportações de café, que tinham constituído o fator básico do progresso realizado, acrescentaram-se, entre outras, mas particularmente estas: a da borracha (cujo ponto culminante, seguida de rápido declínio, é atingido em 1911), e a do cacau, mais estável e que continuaria, embora em plano modesto, a alimentar apreciavelmente a economia brasileira até os dias de hoje. Depois de 1930 e do definitivo comprometimento dessa economia de exportação que praticamente absorvera a vida do país até então, virá ainda trazer-lhe algum reforço, mas sem grande expressão e mais como um paliativo momentâneo, o algodão. E assim outros gêneros primários que se acrescentam e

106   CAIO PRADO JÚNIOR

sucedem na pauta das exportações brasileiras, mas todos de expressão relativa medíocre, e com nada que se comparasse, mesmo longinquamente, com as realizações do café. Estava definitivamente encerrada a brilhante trajetória passada da economia brasileira como função da exportação de gêneros primários. Concorrem para isso diferentes fatores que se somam no fato de que não havia mais condições para a repetição, no comércio internacional de gêneros primários, de conjuntura tão excepcionalmente provável quanto fora a oferecida ao Brasil pelo café desde o último quartel do século passado. Isto é, a de produtor quase monopolista de um gênero de alto valor e de considerável e crescente consumo internacional. De um modo geral, para todos esses gêneros (com a exceção única do petróleo) o ritmo de expansão do consumo alcança um teto que não oferecerá mais perspectivas apreciáveis de superação. O que decorre não somente da diversificação daquele consumo (donde a multiplicação das fontes produtoras), como a substituição dos gêneros tradicionais por sucedâneos e sintéticos. A progressão do consumo de café será particularmente atingida pela difusão de outras bebidas, em especial as industrializadas. Ao mesmo tempo que a afluência de concorrentes, muitas vezes beneficiados por situações políticas favoráveis (como se dá em relação às ex-colônias européias da África), desvia do Brasil uma proporção crescente de seus eventuais clientes. Em suma, as perspectivas de uma economia exportadora de gêneros primários se reduzem cada vez mais, e a tendência se mostra irreversível. O Brasil sofrerá duramente as conseqüências dessa situação. Tanto mais que ela se vai acen-

HISTÓRIA E DESENVOLVIMENTO 107

tuando paralelamente ao crescimento das necessidades do país e de sua população, assunto que consideramos no capítulo anterior. Nos quadros do tradicional sistema econômico do país, voltado essencial e fundamentalmente para a produção de gêneros exportáveis, e mal aparelhado por isso para servir o mercado interno, aquela expansão do consumo teve de ser atendida por importações crescentes. Somam-se a essas importações os demais pagamentos a serem efetuados no exterior e resultantes do funcionamento da economia brasileira dentro da ordem internacional do capitalismo em que ela se integrara, como sejam, o serviço de empréstimos públicos e financiamentos privados, a remuneração de inversões estrangeiras realizadas no país, o pagamento de serviços, etc. Com o desenvolvimento do país e a participação crescente, que o acompanha, de interesses financeiros internacionais em nossas atividades econômicas, tais compromissos se avolumam. E é somente com os recursos derivados da exportação que poderão ser normalmente atendidos.

É certo que, depois dos anos de depressão posteriores à crise de 1929, as exportações brasileiras de produtos primários se recuperam, e crescem mesmo apreciavelmente em valor absoluto. Muito aquém contudo das necessidades financeiras do país. O que se observa no fato do declínio dos saldos do nosso comércio exterior. Tomando-se períodos decenais, esses saldos, depois de crescerem ininterruptamente durante toda a segunda metade do século passado, atingem seu máximo no primeiro decênio do século atual, declinando em seguida, para se recuperarem momentaneamente entre 1941 e 1950 (reflexo sobretudo da guerra), e se tornarem negativos no decênio seguinte. Desde 1957 até 1963, a balança comercial é deficitária, o que se reproduz ainda no ano passado (1967). No que se refere ao conjunto das contas externas, a situação é muito mais grave. Não existem dados razoavelmente seguros acerca dessas contas senão posteriormente a 1947, quando começam a ser oficialmente calculadas. Mas o sentido em que evoluem desde longa data, desde sempre, pode-se dizer, e acentuando-se cada vez mais, se avalia facilmente pelo ritmo crescente do endividamento externo do país, endividamento esse que não é compensado por haveres no exterior, e sim unicamente por umas parcas e inseguras reservas de ouro e divisas que não vão além, no momento presente, de uns 400 e tantos milhões de dólares. Isto é praticamente nada em termos de acumulação de haveres, e mal basta para atender a desequilíbrios momentâneos. Esse endividamento crescente reflete claramente o fato do funcionamento deficitário da economia brasileira em conjunto. E ele próprio reforça continuamente esse déficit, pois resulta em progressivo aumento de despesas no exterior sob forma de juros e amortização dos novos débitos que vão sendo contraídos para saldar débitos anteriores. Note-se que a esse endividamento financeiro regular e computado como tal, há que acrescentar os haveres estrangeiros no Brasil, isto é, capitais invertidos no país e de que são titulares empresas internacionais que aqui operam. O montante desses capitais tem vindo sempre em aumento — em boa parte como resultado da acumulação e reinversão dos proventos aqui mesmo auferidos por aquelas empresas —, sobretudo a partir da II Guerra Mundial, e notadamente

HISTÓRIA E DESENVOLVIMENTO 109

depois de 1950. Num balanço geral da economia brasileira e de seu comportamento dentro do sistema geral do capitalismo internacional em que ela se enquadra, é preciso levar isso em conta. O fato constitui um dos elementos daquele sistema e da posição periférica e dependente que dentro dele ocupamos, a par da função exportadora em que fundamentalmente se assentou a economia brasileira. As inversões no Brasil do capitalismo internacional e as operações de suas empresas aqui estabelecidas, tanto quanto os demais laços que a ele e dentro dele nos prendem, e que se traduzem financeiramente nos débitos de nossa balança de contas externas — para o que tais inversões também concorrem diretamente, por sua vez, com o pagamento de lucros e outras formas de remuneração do capital aplicado —, aquelas inversões representam complementos orgânicos do sistema geral da economia brasileira e da função exportadora sobre a qual ela basicamente se estruturou. Ambos resultam do funcionamento desequilibrado da economia brasileira, e ao mesmo tempo contribuem para esse desequilíbrio.

O agravamento do desequilíbrio põe cada vez mais em evidência, fazendo sentir suas graves conseqüências, o enfraquecimento da função exportadora que essencialmente alimenta, estimula e impulsiona a economia brasileira. O crescimento econômico do país, resultado, em essência, do impulso que a função exportadora lhe imprime, acabará por ultrapassar-lhe a potencialidade. Desse crescimento resultarão em particular, como vimos e para o que nos interessa aqui especialmente, a par da larga ampliação das necessidades do país e de sua população, o aumento desproporcionado dos com-

110 CAIO PRADO JÚNIOR

promissos relativos à ordem internacional do capitalismo em que o país se integra. O velho sistema, assente na exportação de gêneros primários, mostrava-se insuficiente para fazer frente à nova conjuntura que assim se criara. Daí o crescente desequilíbrio verificado. E os mecanismos de compensação que tal situação de desequilíbrio põe em jogo irão dar lugar a novas formas que abrem perspectivas para um outro tipo de economia que, é de se esperar, revolucionará e dará por terra com o tradicional e anacrônico sistema brasileiro.

O efeito direto e imediato do desequilíbrio crônico de nossas contas externas será a progressiva e contínua desvalorização cambial da moeda que se acentua fortemente no último decênio do século passado e se precipita depois de 1930 em conseqüência da crise mundial então verificada e que profundamente afetou a economia brasileira com a brutal queda de suas exportações. Essa desvalorização, encarecendo os produtos de importação, atuará como um incentivo à produção nacional de substitutivos. E será esse o fator imediato decisivo da diversificação das atividades produtivas que as liberta do exclusivismo de uns poucos gêneros primários destinados à exportação. Esse exclusivismo se marcara tão fortemente na economia brasileira, que ainda em princípios do século atual encontramos na pauta das nossas importações artigos como manteiga, aves, ovos, até mesmo verduras... A produção nacional ainda era insuficiente, e em muitos casos até praticamente nula em artigos e gêneros dos mais simples e de consumo ordinário.

O mais importante aspecto dessa diversificação de atividades produtivas é naturalmente o verificado no

HISTÓRIA E DESENVOLVIMENTO 111

caso da indústria manufatureira. A indústria brasileira tem seu primeiro surto apreciável a partir dos últimos anos do Império. Mas é nos primeiros anos da República e coincidindo com a brusca e forte desvalorização cambial então verificada, que as iniciativas industriais se multiplicam e o progresso se acentua consideravelmente. No último ano do Império o número de estabelecimentos industriais era de pouco mais de 600, com um capital total de 400.000 contos (cerca de 25 milhões de libras esterlinas ouro, ou 206 milhões de dólares atuais). Entre 1890 e 1895 serão fundados 452 estabelecimentos, com inversão global de mais de 200.000 contos, o que significa um aumento de 50% em cinco anos apenas. Esse paralelismo entre a conjuntura industrial e as vicissitudes cambiais da moeda brasileira se mantém pelos tempos afora. Os grandes momentos de prosperidade da indústria serão sobretudo aqueles em que a moeda se desvaloriza. Assim, no correr da Primeira Grande Guerra, o valor do mil-réis que oscilava em torno de 16 d., passa a oscilar em torno de 12 d. Também concorre nessa época, para o progresso industrial brasileiro, a redução das importações em conseqüência do estado de beligerância em que se encontravam nossos habituais fornecedores estrangeiros. Mas o fator principal era a desvalorização da moeda, tanto que a prosperidade da indústria se mantém mesmo quando cessado o conflito (1918), com a progressiva desvalorização (que chega até abaixo de 5 d.); e somente se interrompe, sendo substituída por séria crise, depois de 1926, e por efeito da revalorização e estabilização do mil-réis.

Depois de 1930, e apesar das dificuldades que o

112 CAIO PRADO JÚNIOR

país atravessa em conseqüência da crise geral desencadeada com o *crack* da Bolsa de Nova York, em 1929, a indústria goza de uma conjuntura relativamente favorável graças ao obstáculo oposto às importações por força do declínio drástico das exportações. Não havia disponibilidades em divisas para adquirir no exterior as manufaturas necessárias à satisfação da demanda interna, apesar da retração dessa última por efeito da crise. E assim o processo de substituição das importações pela produção interna continua a operar em benefício da industrialização. O período da II Guerra ainda acelerará o processo, porque os fornecimentos do exterior se tornam ainda mais difíceis e escassos. A prosperidade da indústria brasileira será então de tal ordem que nos tornamos até exportadores de algumas manufaturas, como em especial de tecidos que se venderão aos países da América Latina e África do Sul, privados, tanto quanto nós, de seus fornecedores habituais. As manufaturas chegarão a figurar no segundo lugar de nossas exportações, logo em seguida ao café.

Isto durou contudo apenas um momento, mantido como era unicamente pela anormalidade do estado de guerra. As perspectivas ordinárias da indústria brasileira não eram e não podiam naturalmente ser as do mercado externo, e sim tão-somente do interno. No período posterior à guerra, apresenta-se para ela uma conjuntura especialmente favorável que lhe proporcionará considerável surto. Durante o conflito, tínhamos tido grandes saltos em nosso comércio exterior. A exportação se ampliara grandemente, não tanto em volume, mas no valor, graças à elevação de preços de matérias-primas e gêneros alimentares que a guerra

HISTÓRIA E DESENVOLVIMENTO 113

provocara. Ao mesmo tempo que assim se valoriza a exportação, declinam grandemente, como vimos, as importações. Como conseqüência dessa situação que obrigara a grandes emissões para absorver o excesso de divisas, verifica-se forte elevação de preços e inflação generalizada que, uma vez cessado o conflito e normalizada a situação, iriam determinar um grande e súbito incremento das importações, com que logo se dissipam os saldos de divisas acumulados durante a guerra. Persiste contudo a inflação e em conseqüência a pressão da demanda de importações. Para fazer frente ao desequilíbrio das contas externas que isso provoca (e que logo se evidenciará na formação de atrasados comerciais, isto é, débitos não atendidos no comércio internacional) a solução natural e mais simples, que seria o livre jogo das forças espontâneas do mercado, consistiria em deixar a moeda à sua sorte, permitindo que sua desvalorização cambial restabelecesse o equilíbrio de preços internos e externos, reduzindo-se com isso a demanda de importações. Essa solução contudo poderia determinar efeitos catastróficos que seriam a elevação excessiva de preços dos artigos importados, e pois dos custos da produção interna, em especial dos da indústria que dependia de equipamentos e de outros insumos importados. Além disso, a conjuntura, tal como se apresentava, oferecia magníficas perspectivas para os negócios, e sobretudo para as inversões em empreendimentos industriais. A inflação desencadeada e impulsionada, como vimos, pela largas emissões da guerra e do período imediatamente subseqüente, se traduziam não somente em grande demanda solvável dos consumidores (demanda aliás que, longamente reprimida pelas

114 CAIO PRADO JÚNIOR

restrições determinadas pela guerra, assumia agora caráter explosivo), como também nas disponibilidades de capitais acumulados.

Mas para tirar pleno proveito dessa situação tão favorável, era necessário não apenas afastar a concorrência da importação, como facilitar a aquisição no exterior de equipamentos e insumos industriais em geral. Era de fato uma exigência contraditória, pois para afastar a concorrência das importações tornava-se preciso encarecê-las com a desvalorização cambial. Mas essa desvalorização cambial atingiria também os equipamentos e insumos industriais. Resolveu-se a contradição (1947) com a instituição de um sistema de licença prévia para a importação, sistema esse segundo o qual a importação seria rigorosa e drasticamente dosada a fim de a manter nos limites impostos pelas disponibilidades cambiais do país; e dando-se preferência nessa dosagem aos equipamentos, matérias-primas e materiais semi-elaborados industriais. A indústria achava-se assim duplamente beneficiada. De um lado, eliminava-se a concorrência da importação; e de outro, eram-lhe fornecidos a preços relativamente muito baixos — graças a uma taxa cambial que conservava a moeda superavaliada relativamente ao nível de preços internos — os equipamentos e demais artigos de que necessitava em suas operações. Em essência, essa política nada mais era que prolongamento do já antigo processo de substituição de importações pela produção nacional, mas agora como ação deliberada e expressa finalidade de favorecimento dos negócios e das iniciativas industriais em especial. Submetia-se a uma política econômica sistemática (e por isso muito mais drástica e decisiva nos

HISTÓRIA E DESENVOLVIMENTO 115

seus efeitos) o que dantes se realizava espontaneamente como derivação natural do simples jogo das forças do mercado, isto é, pelo mecanismo da desvalorização cambial e encarecimento das mercadorias importadas, o que proporcionava oportunidades à produção interna.

Essa sistematização do antes espontâneo processo de substituição de importações pela produção interna, e assim a sua condução por ação deliberada, aliadas à grande acumulação capitalista que a inflação proporcionara e continuaria a proporcionar, terá como conseqüência um largo incremento da indústria. Generaliza-se a substituição, e em pouco mais de um decênio se chegará à situação de somente importar aqueles artigos para cuja produção faltavam inteiramente recursos naturais ou tecnológicos. Mas afora essas exceções impostas por contingências irremovíveis, tudo mais se incluiria, sem nenhuma discriminação, no rol das atividades industriais introduzidas no país, desde a produção de automóveis e de produtos químicos e farmacêuticos (embora se fabricassem inteiramente com produtos semi-elaborados de importação) até uísque e outras especialidades da mesma categoria. Uma vez excluída a concorrência estrangeira, e inexistindo a interna — porque o campo era vasto e variado demais para a afluência simultânea de sérios concorrentes num mesmo setor —, assegurados os equipamentos e insumos necessários a preços altamente favoráveis, bem como uma demanda certa, uma vez que se tratava de simples substituição, qualquer iniciativa estava de antemão segura de largo e fácil sucesso financeiro e boa margem de lucros. E é isto afinal de contas o principal de que se cogitava.

116 CAIO PRADO JÚNIOR

É em tais condições que se realiza o rápido crescimento da indústria. Como se vê, seus fundamentos são precários, e as conseqüências disso se verificarão logo que se esgotarem os limites da possível substituição de importações, e o progresso ulterior exigirá, além de bases mais sólidas, perspectivas mais amplas. Tratar-se-á de uma indústria desordenadamente implantada, sem outro critério que as excepcionais e tão artificiais facilidades oferecidas, e o estímulo imediatista de um lucro fácil e rápido. Uma indústria que não terá passado pelo crivo da seleção pela concorrência, nem mesmo potencial, ou de um planejamento integrado e de conjunto. Uma indústria em suma formada de caótico aglomerado de atividades implantadas no geral, sem atenção alguma à sua viabilidade, a longo prazo, no que respeita padrões de qualidade, custos, disponibilidade de matérias-primas e outros insumos facilmente acessíveis e a preços convenientes, perspectivas futuras de mercado, etc. E incentivada unicamente pelo vácuo deixado com a exclusão de alguns produtos antes importados e cujo preenchimento se promovera tão artificiosamente. Note-se ainda que não estamos considerando as insuficiências do preparo tecnológico e dos quadros administrativos que um parque industrial tão precipitada e desordenadamente implantado haveria necessariamente de sofrer.

De tais antecedentes da mais recente fase da industrialização brasileira que estamos considerando, não resultaram apenas os inconvenientes de uma indústria mal estruturada, de baixo nível tecnológico e financeiramente precária. Essa indústria não atenderá cabalmente nem mesmo ao objetivo essencial a que origina-

HISTÓRIA E DESENVOLVIMENTO

riamente se destinara, a saber, a substituição de importações e conseqüente economia de divisas. Isso porque freqüentemente a economia realizada com a produção interna substitutiva, se anulava com a importação de insumos necessários àquela produção e que o país não estava em condições de produzir, ou não produzia suficientemente. Essa situação se apresentaria em circunstâncias ainda mais graves no caso, que tomaria grande vulto, das operações de empresas internacionais, quando a remuneração dos capitais por ela aqui aplicados, ou dos serviços prestados, se traduzia no aumento de compromissos externos sem nenhuma contrapartida de novos recursos capazes de fazerem frente àqueles compromissos. Acresce a esses fatores que contribuem para o desequilíbrio das contas externas, o artificial e distorcido sistema de preços a que levara a política de favorecimento da industrialização, e que tendia a desestimular as exportações. Realmente, a taxa cambial adotada para favorecer as importações necessárias à indústria se tinha fixado, como já foi acima referido, em nível muito baixo relativamente ao nível geral de preços internos. Em outras palavras, a moeda nacional (o *cruzeiro*) fora supervalorizada, em termos cambiais, com respeito ao nível interno de preços, do que resultara, durante longos anos, acentuado desnível entre esses preços internos e os internacionais, os últimos relativamente mais baixos. Por efeito disso, os custos internos de produção se tornavam excessivamente elevados, freqüentemente superiores à cotação internacional do produto. O que dará na tão conhecida e ainda hoje, em muitos casos, verificada "gravosidade" dos produtos brasileiros, e incapazes por isso de concorre-

118 CAIO PRADO JÚNIOR

rem no mercado internacional. Com isso, a exportação é naturalmente afetada. E com ela, a nossa receita em divisas.

O desequilíbrio das contas externas brasileiras se resolverá momentaneamente com o afluxo de recursos financeiros do exterior, sejam empréstimos, sejam aplicações de capital estrangeiro no país. Esse afluxo maciço de recursos financeiros do exterior será realmente considerável, e se tornará uma constante e fator essencial do equilíbrio financeiro e do normal funcionamento da economia brasileira. Está claro contudo que constituirá unicamente solução momentânea e a curto prazo. Isso porque o capital aqui invertido reclama não somente o seu eventual retorno, mas desde logo a remuneração a que faz jus e que o leva a se aplicar no país. Remuneração essa que tende a ampliar-se, porque representa o resultado de operações nos melhores negócios e oportunidades que são precisamente aquelas para onde afluem os empreendimentos do capital internacional.

Onde contudo se revelam de maneira mais acentuada os aspectos negativos do processo de industrialização brasileira é na sua falta de perspectivas amplas por força do reduzido mercado que lhe serve de base. Já consideramos anteriormente a peculiar estrutura social do país, derivada de suas origens coloniais, onde em conseqüência do sentido que se imprimira à colonização, a população tendera a extremar-se em categorias largamente distanciadas. De um lado, a minoria de dirigentes da colonização e dos que a eles diretamente se vinculam, que são os organizadores e administradores do negócio que aqui se instalara a fim de fornecer gê-

HISTÓRIA E DESENVOLVIMENTO 119

neros primários ao comércio internacional. No outro extremo, a grande massa de trabalhadores e seus afins, recrutados para contribuirem com sua força de trabalho na realização do mesmo negócio; e assim, sem outro estatuto que esse mesmo de fornecedores de força de trabalho, relegados a uma posição inferiorizada porque nada mais representam do que simples instrumentos de produção. Recalcados em conseqüência a níveis de vida muito baixos e padrões de consumo insignificantes.

É certo que essa estrutura social se modificara bastante com o correr do tempo e o crescimento econômico do país verificado sobretudo, como se viu, depois da emancipação política e por força das circunstâncias de toda ordem que a partir daí interferem no processo histórico brasileiro. Mas não há que sobrestimar aquelas modificações estruturais da sociedade brasileira, porque basicamente ela conserva seus traços originários, e em particular a inferiorização sócio-econômica de suas classes trabalhadoras e populares e os baixos padrões tanto culturais como materiais e de consumo a que aquela situação e posição social as condena. E isso nos dá desde logo a medida do mercado interno brasileiro e de sua insuficiência como base e força propulsora eficiente do progresso industrial.

É o que efetivamente se verificará. O processo de industrialização se veio realizando sobretudo, como vimos, como simples substitutivo de importações tornadas impossíveis em conseqüência do desequilíbrio das contas externas do país. Ora, essas importações, particularmente no que se referem às manufaturas, se destinavam sobretudo a atender, direta ou indiretamente, as necessidades do mercado consumidor relativamente

120 CAIO PRADO JÚNIOR

restrito de uma minoria que nas condições do Brasil se pode considerar econômica e socialmente privilegiada, e do qual se achava praticamente excluída, por força de seus ínfimos padrões, a grande maioria e massa da população. A indústria, vindo ocupar o lugar da importação, visará naturalmente esse mercado de alto nível relativo e inteiramente excepcional no conjunto brasileiro. E aí se concentra e tende a se limitar, porque uma atividade impulsionada unicamente como negócio e visando o lucro que todo negócio objetiva, se destinará precipuamente àqueles consumidores de poder aquisitivo compensador. É verdade que esse setor financeiramente avantajado tende a crescer, e efetivamente veio crescendo. A própria industrialização é um fator desse crescimento, porque tanto pelos empregos que cria, como pelas atividades paralelas a que dá lugar, constitui um gerador de renda e pois um estímulo ao consumo e à extensão do mercado. Nem outra foi a história do desenvolvimento industrial moderno observado em toda parte, e em particular nesses pioneiros da industrialização que se tornaram nas grandes potências capitalistas de nossos dias.

No Brasil, entretanto, a situação é diferente por força de sua estrutura sócio-econômica originária que fez dele, e assim fundamentalmente o conservou, antes um *produtor* que um *consumidor*; e onde as atividades produtivas visam precipuamente um consumo estranho. Ao contrário daqueles países onde o processo de industrialização partiu sobre a base de uma sociedade consumidora — fosse embora um consumo relativamente restrito, mas que abrangia o conjunto da sociedade —

HISTÓRIA E DESENVOLVIMENTO 121

e onde o mesmo processo de industrialização significou essencialmente um melhor aparelhamento e uma maior eficiência das atividades produtivas que atendiam àquele consumo. Por isso a indústria progrediu paralela e intimamente solidária com o crescimento geral para o qual ela poderosa e decisivamente contribuiu, e nele intimamente se integrou. O processo se desenrolou assim através de etapas e fases sucessivas, cada qual delas ajustada ao nível e aos padrões gerais da época e do país em que se verificou.

Não é isso que ocorre no Brasil, onde a industrialização não significou nem teve por objetivo o mais eficiente aparelhamento das atividades produtivas em geral, para o melhor atendimento do consumo, em conjunto, da sociedade e economia na qual se insere. E sim visou unicamente satisfazer necessidades de um consumo muito especializado de reduzidos setores antes atendidos por fornecedores do exterior e que contingências ocasionais fizeram apelar para a produção interna. Consumo aquele que não tem assim relação com as atividades produtivas essenciais e ordinárias do país, e se coloca em plano completamente distinto delas e dos padrões gerais do país. Do que resulta desde logo a falta de paralelismo e correspondência entre, de um lado, o crescimento econômico do país e das suas necessidades gerais e fundamentais e do conjunto de sua população; e de outro lado, o ritmo do progresso industrial, uma vez que a indústria não se orienta por aquelas necessidades gerais, e sim unicamente pela demanda de um setor relativamente pequeno e excepcional no conjunto do país. O que se reflete, entre outras graves conseqüências, na falta de continuidade do processo

CAIO PRADO JÚNIOR

de industrialização e no seu progresso gradativo e sustentado; bem como numa defeituosa e altamente inconveniente distribuição e estruturação das atividades industriais, e em especial, no crescimento desproporcionado da produção de bens de consumo final, e mesmo freqüentemente de um consumo excepcionalíssimo, inclusive suntuário, em contraste com a indústria de bens de produção e em geral do aparelhamento econômico de base, e em prejuízo delas. Irregularidade e ausência de organicidade essas do desenvolvimento industrial que também afetam desfavoravelmente o preparo tecnológico e a formação de quadros capacitados para o manejamento e gestão das atividades da indústria.

Em suma, não se apresentam no Brasil — por força de contingências estruturais, e por isso muito graves e profundas — as circunstâncias próprias que em outros lugares, e em especial nos países pioneiros do moderno desenvolvimento industrial, promoveram a industrialização na base de um processo autopropulsor que lhes proporcionou e assegurou aquele progresso. A industrialização brasileira marchará canhestramente e por impulsos descontínuos e desordenados, ao sabor de vicissitudes que lhe são estranhas, como em particular a caprichosa conjuntura das finanças externas. E embora apresente alguns surtos apreciáveis, e à primeira vista até mesmo com certos aspectos espetaculares — como particularmente o mais recente deles e de maior vulto que é o da fase posterior à última guerra —, ela não terá um progresso contínuo e sustentado que por si próprio lhe fosse gradualmente abrindo novos e cada vez mais amplos horizontes. Ao contrário disso, o que se observa é sob certos aspectos até

HISTÓRIA E DESENVOLVIMENTO

mesmo o agravamento das circunstâncias estruturais desfavoráveis a um sólido e bem fundamentado crescimento econômico, e uma relativa retração das perspectivas.

É assim que a industrialização intensiva posterior à guerra e que se estende até início do decênio de 60, embora absorvendo a maior e melhor parte das iniciativas e recursos do país, e realizando-se em boa parte, como vimos, graças ao desnível dos preços internos e externos, bem como da inflação — circunstâncias essas altamente prejudiciais a outras atividades, como em especial ao setor agrário cujo declínio elas precipitaram —, com tudo isso, a industrialização não logrou suscitar uma atividade econômica capaz de absorver e ir incorporando, em nível adequado, o crescimento demográfico verificado no país, e em particular os excedentes expelidos e deslocados do declinante setor agrário. O largo e crescente desemprego mais ou menos disfarçado que se observa no Brasil e a progressiva marginalização de importantes contingentes demográficos que daí resulta comprovam o fato. E tendem a perpetuar, e em muitos lugares agravar, a defeituosa estrutura social brasileira com seus extremos de relativa abundância de um lado, e de outro a considerável parcela da população que vegeta nos mais ínfimos limites da sobrevivência biológica.

Situação como essa naturalmente vai de encontro e embaraça o processo potencialmente em curso na conjuntura histórica brasileira do momento e que anteriormente consideramos. Processo esse que consiste essencialmente na transformação básica da nossa economia, com gradativo recuo de seu antigo e tradicional exclusivismo exportador, e a progressiva complementação de um novo sistema que nascido embora dentro do sistema anterior e impulsionado pela mesma função exportadora, tende a transformá-la e a substituir. Novo sistema esse que tem por base e natureza a produção para o mercado interno e precipuamente para a satisfação das necessidades econômicas do país e de sua população. O que não ocorre, antes pelo contrário, no sistema anterior, simples peça que ele representa no comércio internacional, e voltado essencialmente, como se encontra, para atender à demanda verificada nesse comércio de gêneros primários que o país tem condições de fornecer.

No curso contudo desse processo de transformação, esta esbarra no obstáculo dos remanescentes do velho sistema colonial que lhe embaraçam o prosseguimento e limitam as perspectivas. Resulta aquele obstáculo, fundamentalmente, acabamos de observá-lo, do acanhado mercado consumidor interno e sua defeituosa estrutura — herança ainda, em última instância, daquele passado colonial —, mercado esse que no regime vigorante da livre iniciativa privada que se estimula unicamente pelo maior interesse financeiro e maximização do lucro comercial, não oferece os impulsos necessários para a promoção das atividades econômicas em proporções e condições que assegurem um suficiente ritmo de crescimento do mesmo mercado.

Essa inadequada ação da livre iniciativa privada na condução e orientação do processo de transformação da economia brasileira é sobretudo agravada quando tal iniciativa parte do capital e de empresas internacionais, porque aí se acrescentam aos inconvenientes que

HISTÓRIA E DESENVOLVIMENTO   125

a iniciativa privada apresenta de um modo geral, mais outras circunstâncias desfavoráveis. A participação direta da iniciativa e dos negócios internacionais na economia brasileira já é de longa data, como se viu anteriormente. E se acha intimamente ligada, como também observamos, à posição periférica da nossa economia no sistema internacional do capitalismo, operando por isso sobretudo nos setores direta ou indiretamente relacionados com a função exportadora na qual a economia brasileira se fundava praticamente com exclusividade, e onde portanto se ofereciam as melhores oportunidades de negócio.

Mais recentemente, e sobretudo na fase posterior à II Guerra Mundial, ganha vulto, que aliás se tornaria considerável, outro tipo de atividade econômica das empresas internacionais que têm por base empreendimentos industriais voltados para o mercado interno do país. Essa nova atividade econômica tem como ponto de partida, em especial, a privilegiada situação que aquelas empresas desfrutam como fornecedoras dos artigos da importação brasileira. E fornecedoras que se valendo da preeminência que o capital internacional gozava no Brasil por força da posição subordinada em que o país figura no sistema internacional em que aquele capital domina, introduzem-se direta e intimamente no país e se tornam em força decisiva em alguns dos principais setores do comércio e do mercado internos. E assim, na medida em que esse mercado se expande, as operações das empresas internacionais ganham importância crescente que lhes assegura posições cada vez mais fortes e poderosas no interior da economia brasileira. E quando posteriormente se verifica o

126 CAIO PRADO JÚNIOR

progressivo avanço do processo de substituição da importação pela produção interna, as mesmas empresas se encontram na melhor das posições para se prevalecerem das oportunidades que aquela substituição de importações proporcionaria. Bastando-lhes transferir para o Brasil a produção parcial ou integral, conforme o caso, dos artigos que antes produziam nos seus países de origem e que nos forneciam através de nossas importações. O regime jurídico da livre iniciativa privada lhes abria para isso as portas do país. Isso sem contar as facilidades e mesmo os privilégios que se concederam para sua instalação e operação no país. Favores esses que decorriam naturalmente e necessariamente das vantajosas posições, tanto econômicas como políticas, que as empresas internacionais já ocupavam no país. E que se acham implícitas na relação de forças do sistema internacional do capitalismo em que essas empresas se situam nos centros dominadores em torno dos quais giram, em órbita periférica, países como o Brasil.

Os capitais e empreendimentos internacionais se prevalecerão largamente dessa avantajada situação que desfrutam relativamente ao Brasil. E tirarão dela o melhor partido, instalando-se nas melhores, mais lucrativas e estratégicas posições. No processo de industrialização, em particular, elas se tornam em favor decisivo. O núcleo verdadeiramente dinâmico da indústria brasileira se constituirá em nada mais que uma constelação de filiais de empresas internacionais em cuja órbita girará quase tudo que a nossa indústria conta de mais expressivo. O que representa um grave embaraço oposto à transformação da economia brasileira, apesar do

HISTÓRIA E DESENVOLVIMENTO 127

estímulo que num primeiro momento aquelas iniciativas estrangeiras proporcionam. Efetivamente, a posição dominante e decisiva que o capital internacional ocupa na economia brasileira tende permanentemente a reconduzi-la para a anterior situação centrada na função exportadora. Isso porque a remuneração daquele capital, que representa pagamentos no exterior, somente pode ser satisfeita com a contrapartida de exportações, única fonte apreciável de divisas com que contamos para fazer frente àqueles pagamentos. E como as eventuais ampliações, reinversões e novas aplicações de capital são sempre função de sua remuneração, verifica-se desde logo a estreita relação de dependência que o predomínio de empreendimentos internacionais na indústria brasileira determina entre o processo de industrialização e as exportações brasileiras.

Observa-se aqui muito bem a ligação do capitalismo internacional com o nosso velho sistema colonial fundado na exportação de produtos primários, pois é dessa exportação que provêm os recursos com os quais o capitalismo internacional conta para realizar os lucros que são a razão de ser de sua existência. Considerada do ponto de vista geral do sistema internacional do capitalismo, a economia brasileira, dominada e controlada pelos empreendimentos internacionais, se enquadra naquele sistema como fornecedora de produtos primários cuja venda nos mercados internacionais proporciona os lucros dos empreendimentos que dominam o mesmo sistema. Todo funcionamento da economia brasileira, isto é, as atividades econômicas do país e suas perspectivas futuras, se subordinam assim, em

128 CAIO PRADO JÚNIOR

última instância, ao processo comercial em que as grandes empresas internacionais ocupam o centro.

É isso que significa e para isso que permanentemente tende a participação da iniciativa do capitalismo internacional na economia brasileira quando adquire o vulto e o papel dominante que é o seu e que dentro da ordem econômica vigente só pode crescer. E cresce por dois motivos principais. Em primeiro lugar, porque o desequilíbrio que provoca nas contas externas do país, por efeito dos pagamentos que determina no exterior, torna imperativo o afluxo permanente e crescente das inversões estrangeiras destinadas a cobrir o passivo verificado. O que naturalmente vai agravando a situação e aprofundando as contradições que apontamos, num verdadeiro círculo vicioso cuja saída, nas condições vigentes, não é fácil prever.

De outro lado, a participação das operações de empreendimentos internacionais na economia brasileira é particularmente estimulada e promovida pelo fato de tais empreendimentos ocuparem e dominarem os melhores e mais lucrativos e estratégicos negócios, realizando-se por conseguinte em seu proveito o melhor da acumulação capitalista do país. O que lhes assegura, e mesmo lhes impõe como imperativo financeiro, uma ampliação mais larga e penetração cada vez mais profunda na economia brasileira.

A participação do capitalismo internacional na economia brasileira constitui assim um embaraço crescente à transformação da mesma economia e à sua libertação do seu passado colonial. Passado esse que, embora sob forma diferente e mais complexa, continua a mantê-la enquadrada num sistema em que ela figura

HISTÓRIA E DESENVOLVIMENTO

como setor e elemento periférico e dependente. E se encontra assim voltada essencial e fundamentalmente para interesses estranhos, e não para a satisfação das necessidades econômicas e aspirações da grande massa da população brasileira. Necessidades essas e aspirações que, pelo vulto atingido e em contínuo aumento, se mostram cada vez mais incompatíveis com aquele sistema, incapaz que ele é de proporcionar o atendimento delas.

IX

Em síntese, a presente fase do processo histórico brasileiro se caracteriza, vimo-lo no correr do presente trabalho, pelas contradições que resultam fundamentalmente de uma dualidade de setores ou sistemas econômicos imbricados um no outro: um, o tradicional, centrado na produção de gêneros primários destinados à exportação; o outro, emergente desse e constituído em seu seio, mas que se volta para o mercado interno, e tem por base essencial a indústria. Trata-se de um dualismo, porque essencialmente ambos os setores se caracterizam à parte um do outro e não se recobrem. Isto é, cada um deles tem sua orientação comercial própria e exclusiva — um para o mercado externo, outro para o interno —, e somente se confundem e sobrepõem secundária e subsidiariamente; e até mesmo, muitas vezes, apenas excepcionalmente. Gêneros primários como o café, o cacau, o sisal, a castanha-do-pará e outros, que constituem, o primeiro, a base fundamental da economia brasileira, e os demais, de regiões ou partes mais ou menos extensas e importantes do país, se ligam de tal forma à exportação, que, eliminada essa finalidade, perderiam inteiramente o sentido econômico que têm atualmente; e muitos deles provavelmente até mesmo

132 CAIO PRADO JÚNIOR

desapareceriam como produções significativas. Em suma, eles têm expressão econômica na medida em que são exportáveis e exportados. E nessa mesma medida, as regiões ou partes do país em que se produzem, e no caso do café, o Brasil em conjunto, logram subsistir com suas características atuais.

Outros gêneros primários, alguns de grande importância e bastante peso relativo na exportação, como em especial o algodão, não são tão exclusivamente produzidos para o mercado externo, e se destinam também, em boa parte, ao interno. Mas essa categoria intermediária de gêneros primários, mistos de exportação e de consumo doméstico relativamente apreciável, não têm em seu conjunto expressão suficiente no mercado interno para desfigurarem, no essencial, o característico dualismo da economia brasileira.

De outro lado, um segundo grupo de produções, e em especial e muito destacadamente a industrial, visa comercialmente o mercado interno, e isso também de forma praticamente exclusiva. O exportado da produção industrial, por exemplo, e mesmo o exportável é excepcional. E isso até mesmo por força de circunstâncias estruturais e orgânicas da indústria que se constituiu, basicamente, para substituir importações, como se viu anteriormente. Isto é, para produzir especificamente certos e determinados artigos antes havidos por via do fornecimento externo, e que por isso não apresenta em regra flexibilidade e maleabilidade suficientes para se adaptar às exigências e padrões do comércio internacional. Tome-se por exemplo, como ilustração, o caso da indústria de veículos automotores, hoje o principal setor, sem dúvida, da indústria brasileira, e

HISTÓRIA E DESENVOLVIMENTO 133

de mais elevado nível tecnológico, que se acha limitado à produção de determinados modelos de veículos praticamente invariáveis. E não tem condições para se diversificar, inovando e se adaptando a eventuais modificações da demanda no tão sofisticado mercado externo. O relativo vulto, de certa expressão em alguns casos, da exportação brasileira de manufaturas, muitas vezes se explica só pelas conveniências muito particulares das grandes empresas internacionais que dominam os mais importantes setores do nosso parque industrial, e que intercambiam, por assim dizer, entre filiais estabelecidas respectivamente no Brasil e em outros países, alguns de seus artigos ou produtos semi-elaborados. Citemos, a título de simples ilustração desse intercâmbio como que interno das grandes empresas internacionais aqui estabelecidas, o caso da Philips, que produz ampolas e bulbos para lâmpadas elétricas que exporta para a Argentina, onde uma outra de suas filiais ali instalada produz barbeadores que se vendem também no Brasil.

Em suma, uma análise atenta da economia brasileira, quando lastreada em pespectiva histórica, como procuramos fazer no presente trabalho, perspectiva essa que alerta o observador e chama sua atenção para situações que de outra forma talvez não percebesse, ou percebesse mal, põe em nítido relevo a característica divisão da nossa economia em dois setores distintos que se orientam respectivamente para o mercado externo e o interno. Distinção essa que não é circunstancial e fruto de situações ocasionais, mas que tem suas raízes plantadas no mais profundo e íntimo da estrutura econômica do país. Vejamos como esse fato se

134 CAIO PRADO JÚNIOR

insere na questão do crescimento econômico e desenvolvimento. Isto é, como e em que medida ele condiciona esse desenvolvimento e nele se reflete e traduz. Para dar o devido contraste, comecemos por analisar as concepções já hoje clássicas na questão do desenvolvimento, e a teoria econômica que sobre elas se estrutura. Essas concepções e teoria voltam centralmente sua atenção para a renda nacional e em especial a renda *per capita* (que não é afinal mais que uma média aritmética que pouco ou nada informa sobre a distribuição dessa renda, o que é essencial), bem como sobre o fator que no processo cíclico de um capitalismo já maduro que é aquele cujo desenrolar se traduz nos modelos teóricos consagrados, condiciona direta e imediatamente a flutuação daquela renda e que vem a ser o ritmo das inversões. Fator que se extrapola, segundo já observamos no primeiro capítulo do presente trabalho, para o processo do desenvolvimento, inclusive e particularmente o dos países como o nosso, de baixos índices de progresso econômico. Os países tidos como "subdesenvolvidos".

Ora, se é verdade que o ritmo das inversões constitui de certa forma índice adequado do desenvolvimento capitalista, ele por si apenas pouco ou nada pode informar acerca das contingências a que o desenvolvimento está submetido e portanto sobre a maneira mais adequada de promovê-lo. A não ser, como em regra se faz, simplisticamente recomendando e estimulando inversões, seja a que título ou a que custo social forem. O a-historicismo e subestimação da especificidade histórica dos países subdesenvolvidos torna a teoria ortodoxa incapaz de avaliar as circunstâncias peculiares que em

HISTÓRIA E DESENVOLVIMENTO

cada lugar ou categoria sócio-econômica condicionam as inversões e dão a medida de sua fecundidade e capacidade de determinar um processo auto-estimulante de crescimento que é o que se procura realizar. A teoria ortodoxa fica no simples relacionamento das inversões, em nível de alta abstração, com o processo de acumulação capitalista que por seu turno se liga esquematicamente à poupança conceituada simplesmente como excedente da receita acima das despesas de consumo. Esse conceito de poupança, perfeitamente exato como definição formal (não é sem justificativa que Keynes afirma constituir essa definição "um dos raros pontos de acordo geral entre economistas e de perfeito rigor da teoria econômica"),[1] encerra uma grave ambigüidade que não podemos discutir aqui a fundo,[2] mas que essencialmente consiste no fato que a maior e melhor parte da capitalização (num país como o Brasil, a incomparável maior parte) é a realizada no próprio processo da produção, isto é, origina-se naquilo que contabilmente constitui "lucros não distribuídos" que, sob forma de reservas ou aumento do capital social, se reinverte na produção. Ora, essa forma de constituição e acumulação de capital, embora represente a rigor — na formulação tão prezada por Keynes — "excedente da receita acima das despesas de consumo", não se enquadra no que ordinariamente se tem em mente ao falar em "poupança", e que vem a ser as economias que os indivíduos particulares fazem para constituírem um pecúlio ou

---

1. J. M. Keynes. *The General Theory of Employment, Interest and Money*. Nova York. Harcourt, Brace and Company, p. 61.

2. Fizemo-lo em *Esboço dos Fundamentos da Teoria Econômica*. 4.ª edição. São Paulo, 1966.

136   CAIO PRADO JÚNIOR

aumentarem seu patrimônio. Não se enquadra nisso, nem tão pouco tem a mesma natureza dessa poupança individual. A capitalização realizada no curso da atividade produtiva se integra indissoluvelmente nessa atividade como momento final de cada um dos ciclos de um processo que, iniciado com a inversão, vai desembocar naquela capitalização com o retorno do capital inicialmente invertido e agora acrescido do lucro realizado. Capital e lucro esses que englobados se reinvertem e vão dar lugar a um novo ciclo.[3] É esse o curso natural e normal do processo produtivo do capitalismo em que o capital, como se vê, é tanto o ponto de partida como o momento final do mesmo processo. Se é certo que é o capital que se invertendo dá lugar à atividade produtiva, não é menos verdade que a atividade produtiva gera o capital. É nessa perspectiva que o capital e o processo de sua formação e acumulação hão de se considerar. Bem como a inversão, ou melhor a reinversão a que ele se destina. O que permite articular em processo de conjunto o que nas concepções ortodoxas, por natureza estáticas e em flagrante contraste com a realidade eminentemente dinâmica dos fatos econômicos, aparece apartado e somente ligado externamente e em sucessão intermitente, a saber: capital, inversão e produção.

De outra parte ,a atividade produtiva é função do mercado, isto é, é essencialmente condicionada e pro-

---

3. Não consideramos a dedução de lucro que não se reinverte, e que dispendido a título de remuneração do capital, é desviado da produção, pois essa dedução destinada ao consumo final constitui parcela excepcional e particularidade que não se enquadra na norma essencial do funcionamento do sistema capitalista.

HISTÓRIA E DESENVOLVIMENTO 137

porcionada pela ocorrência do mercado. É assim na perspectiva do mercado, em última instância, ou pelo menos *também* dele, e no caso brasileiro diremos mesmo *sobretudo*, que a capitalização e o conjunto das atividades produtivas hão de ser consideradas. E pois também o desenvolvimento. Isto não é para dizer que a teoria ortodoxa deixa de lado o mercado, que se inclui em seus esquemas como uma das variáveis. Mas é uma variável dependente das inversões. Sem entrar em mais pormenores que nos levariam muito longe para dentro da Economia, lembremos apenas que se essa maneira de colocar a questão pode ter alguma procedência nas economias de alto nível de desenvolvimento das relações capitalistas de produção, e onde o mercado propriamente, se não suas flutuações, constitui um dado preliminar que independe da conjuntura, no caso dos países subdesenvolvidos de renda muito baixa, muito mal distribuída e precária, ela não se justifica. Nesse ponto a nossa experiência histórica (o que nos mostra mais uma vez a importância da participação da historiografia na análise da questão do desenvolvimento) é definitivamente concludente. O fator e impulso imediato realmente decisivos em todos os momentos e fases de progresso econômico verificados no Brasil, foram invariavelmente conjunturas comerciais favoráveis a nossos produtos, isto é, a ocorrência de mercado para os gêneros de nossa produção. Tudo mais seguiu-se a isso sem maior obstáculo. A própria formação e existência de nosso país tem aí suas raízes, como a história fartamente o comprova. As vicissitudes da nossa economia e da própria sociedade brasileira, no seu conjunto e em todas as partes de que geograficamente

138 CAIO PRADO JÚNIOR

se compõe, acompanharam sempre, muito estreitamente, as flutuações da conjuntura comercial dos respectivos produtos de exportação, tanto nos seus altos como nos baixos. O capital, as inversões, as atividades produtivas e tudo mais, até mesmo os índices demográficos, se condicionam direta e imediatamente àquela conjuntura. São seu reflexo e sua conseqüência.

É assim a questão do mercado que ocupa entre nós o centro da problemática do desenvolvimento. E é somente na história e na especificidade própria das diferentes situações históricas brasileiras que o mercado para os artigos de nossa produção, a natureza dele, sua estrutura e vicissitudes, podem ser compreendidas e devidamente avaliadas. A começar pelo característico dualismo daquele mercado rigidamente discriminado e dividido em dois setores bem apartados um do outro e inconfundíveis: respectivamente o externo e o interno.

Na teoria econômica ortodoxa os mercados externo e interno se equiparam, e não são mais que subdivisões, de natureza semelhante, do mercado em geral. A teoria ortodoxa considera naturalmente as variantes de um para outro desses setores do mercado, bem como as circunstâncias específicas de cada um. Mas essencialmente, e em particular na perspectiva que diz respeito ao que nos interessa aqui mais de perto, eles se equivalem do ponto de vista ortodoxo. Na economia brasileira, contudo, o assunto não pode ser colocado nesses termos, como nos revela sua análise atenta, realizada em perspectiva histórica. Aqui a significação e o papel do mercado externo avultam de tal maneira que esse mercado se singulariza e individualiza inteiramente à parte.

HISTÓRIA E DESENVOLVIMENTO

A ocorrência de um consumo internacional dos eventuais gêneros que o território brasileiro era capaz de produzir, será condição precípua e circunstância determinante da própria instalação e organização, no território que constituiria o Brasil e suas diferentes partes, de coletividades humanas que evoluiriam para uma nacionalidade. Assim os elementos componentes dessa nacionalidade, tanto os econômicos como os sociais, derivam todos eles, direta ou indiretamente, mas sempre de forma intimamente relacionada, das circunstâncias determinadas pela ocorrência de um mercado externo em que ela (a nacionalidade brasileira) assentaria suas bases e sobre o que se estruturou. Inclusive naturalmente também o mercado interno que nela se verifica, e que assim se individualiza e caracteriza em contraste radical com o externo, pois não é mais que decorrência daquelas mesmas circunstâncias determinadas pela presença do externo. O mercado interno não é assim, como ordinariamente se considera na teoria econômica usual, e efetivamente acontece em regra, paralelo ao externo e situado em plano semelhante. Ele é *função* desse último. Pode-se dizer que dele deriva.

Há que acrescentar a esse esquema fundamental e essencial da economia brasileira no ponto de partida do seu processo histórico, ou antes acentuar o que naquele esquema já se encontra implícito, e que vem a ser a posição na qual a economia brasileira se situa com referência à ordem internacional por força daquela preeminência do seu mercado externo. A saber, posição dependente e subsidiária de uma economia satélite que se dispõe e organiza precipuamente para servir objetivos e necessidades econômicas alheias.

140 CAIO PRADO JÚNIOR

Partindo daí, o processo histórico brasileiro sofrerá as contingências que lhe dita a estrutura econômica e social originária em que o país se constituiu. Seus fundamentos econômicos, que são as atividades produtivas de que se alimenta a vida do país e da coletividade que o compõe, evoluirão sempre em função das contingências do mercado externo. A sorte dessas atividades depende sempre da maior ou menor receptividade do mercado externo para os gêneros que delas resultam, bem como da rentabilidade que lhes proporciona. Isso não somente porque esse mercado externo lhes absorve as principais e fundamentais produções, como porque é um tal fornecimento para o exterior que promove o crescimento do país, determina os seus padrões de riqueza, e pois o consumo e mercado interno que por seu turno estimularão atividades produtivas voltadas para esse mesmo mercado interno.

Paradoxalmente, e por isso contraditoriamente também, as insuficiências do mercado externo também contribuem indiretamente para o impulsionamento das atividades produtivas voltadas para o mercado interno. Efetivamente, essas insuficiências limitam a capacidade de importação do país, e dão lugar, segundo vimos, a uma produção substitutiva. É na base dessa "substituição de importações" que se realiza o processo de industrialização, premissa, naturalmente, do progresso tecnológico e desenvolvimento modernos. Esse processo, defeituoso embora (porque se trata de simples substituição, sem raízes numa infra-estrutura predisposta para lhe dar consistência e solidez, o que determina um tipo de produção não-integrada, sem versatilidade e flexibilidade), e também sem perspectivas amplas porque

HISTÓRIA E DESENVOLVIMENTO 141

assenta num mercado subsidiário e restrito por força das condições gerais de uma economia e organização social estruturadas originariamente para servirem o mercado externo, e que somente circunstancialmente assume outro caráter; apesar de todos esses aspectos negativos, o processo de industrialização representa abertura para um novo sistema econômico. Isto é, uma economia nacionalmente integrada e precipuamente voltada para atender às necessidades internas da coletividade humana nela engajada. O que vai de encontro ao sistema anterior e tradicional em que predomina a função exportadora.

Essa função exportadora não perde contudo seu sentido e larga expressão porque ainda permanece essencial e fundamental. Isto porque, entre outras circunstâncias, é dela que derivam os recursos financeiros de que necessita a própria indústria nascente a fim de se aparelhar e abastecer-se de matérias-primas e materiais semi-elaborados que consome. Montada e estruturada ao acaso dos caprichosos impulsos da livre iniciativa privada que se estimula unicamente pelo imediatismo do lucro comercial, essa indústria não se orientou em seu nascedouro por objetivos a longo prazo e solidamente alicerçados. Além disso, os recursos financeiros carreados pela função exportadora condicionam a maior e melhor parte da indústria que, fruto da iniciativa de empreendimentos do capital internacional, necessita daqueles recursos que representam sua própria razão de ser. É com eles, e somente com eles que a participação e colaboração de empresas internacionais no processo da industrialização brasileira são devidamente remuneradas.

142 CAIO PRADO JÚNIOR

Apesar contudo dessa sua essencialidade, a função exportadora, por força de novas circunstâncias gerais de nossos dias que levam os gêneros primários da produção e exportação brasileiras a um plano cada vez mais modesto e de acanhadas perspectivas, acha-se irreparavelmente comprometida e entra em franco declínio. E já se mostra patentemente incapaz de lastrear, como no passado, e como ainda hoje dela se exige, a vitalidade econômica do país.

É esta em suma a conjuntura em que hoje se encontra a economia brasileira como resultante do processo histórico em que ela se formou e evoluiu até nossos dias, e que consideramos e procuramos analisar no correr do presente trabalho. Conjuntura essa onde se insinuam as contradições em que se debate a economia brasileira e que se configuram sobretudo na permanência de um sistema que, vindo do passado e embora já obsoleto e anacrônico, persiste e põe obstáculos ao desenvolvimento, porque algumas de suas principais circunstâncias que são precisamente aquelas que impulsionam a sua renovação e substituição por novo sistema, se apresentam por outro lado como obstáculo e empecilho a essa mesma renovação.

É na base destas circunstâncias presentes na atual conjuntura econômica em que se encontra o país, que se faz possível formular as premissas necessárias para o equacionamento do problema do desenvolvimento brasileiro. Mas isso já ultrapassaria os limites do presente trabalho, que não objetivou senão mostrar que esse equacionamento resulta e somente pode resultar de uma apreciação do processo histórico que é onde a questão do desenvolvimento se propõe.

As fontes bibliográficas utilizadas são,
além das referidas no texto, as citadas nas
seguintes obras do candidato:

Formação do Brasil Contemporâneo. Colônia.
8.ª ed., São Paulo, 1965.

História Econômica do Brasil. 10.ª ed., São
Paulo, 1967.

Sobre o autor

Caio Prado Júnior, nascido em São Paulo, aí fez seus estudos secundários no Colégio São Luís, bem como em Eastbourne, Inglaterra.

Formado em 1928 pela Faculdade de Direito, hoje incorporada à Universidade de São Paulo, obteve nela, em 1956, a Livre Docência com a sua tese *Diretrizes para uma política econônica brasileira*.

Deputado estadual em 1947, teve seu mandato cassado em conseqüência do cancelamento do registro do Partido Comunista do Brasil pelo qual se elegera.

Recebeu o título de Intelectual do Ano de 1966 pela publicação do seu livro *A Revolução Brasileira*, sendo agraciado com o prêmio Juca Pato. Faleceu em novembro de 1990.